近鉄魂とはなんだったのか？

最後の選手会長・礒部公一と探る

元永知宏

集英社

近鉄魂とはなんだったのか？

最後の選手会長・礒部公一と探る

元永知宏

プロローグ～故郷が本当になくなった球団

近鉄バファローズのＯＢ会が活動終了。

２０１９年1月13日、スポーツ新聞に小さく載った記事をどれだけの人が目に留めただろうか？

ＯＢ会長は通算３１７勝を挙げたエースの鈴木啓示《けいし》、副会長は２００１年の優勝監督である梨田昌孝。２００４年にオリックスとの球団合併で「近鉄バファローズ」がなくなったあとも続いた活動に終止符が打たれた。

鈴木はこう語っている。

「今日をもって、ＯＢ会も懇親会も終わりにしようということになりました。球団がなくなるということは、それだけさびしいこと」

近鉄バファローズのユニフォームを着た選手で現役を続けているのは、岩隈久志（読売ジャイアンツ）、近藤一樹、坂口智隆（いずれも東京ヤクルトスワローズ）の3人だけだ。

かつてチームを優勝に導いた西本幸雄、仰木彬も鬼籍に入った。コーチとして他球団で活動するOBはいるものの、日本プロ野球で「近鉄」を思い起こす人は多くない。

球団がなくなってから15年が経つ。悲しいことではあるが、これが現実だろう。甲子園で生まれたヒーローがプロ野球に進み、野球界の地図が毎年アップデートされていくなかで、「近鉄」が忘れ去られることは自然の流れかもしれない。

かつて監督をつとめた梨田は言う。

「OB会の活動は終わりになりました。球団がなくなって15年、新しい人はもう入ってこないしね。さびしいことだけど。仕方がない」

しかし、近鉄が忘れ去られることは本当に「仕方がない」ことだろうか？

近鉄はどんな役割を負ったのか

日本のプロ野球では長く「人気のセ・リーグ、実力のパ・リーグ」と言われてきたが、2004年に勃発した「球界再編」問題をきっかけに潮目が変わった。2004年10月に新球団として仙台に誕生した東北楽天ゴールデンイーグルス、2006年に本拠地移転後初のリーグ優勝を飾った北海道日本ハムファイターズ、ここ15年で5度のリーグ優勝を誇る福岡ソフトバンクホークスが地域に根付いた活動を続けている。

6球団すべてが年間の観客動員数を増やしており、年間100万人を割るチームはもうない。実力の部分を見ると、日本シリーズでもセ・パ交流戦でも、パ・リーグが圧倒している。

昭和のパ・リーグをリードした南海ホークス（1988年、福岡ダイエーホークスに。2005年からソフトバンク）、阪急ブレーブス（1988年、オリックス・ブレーブスに。のちにバファローズに改称）に比べれば、「近鉄」は優勝回数で劣っている。1979年に初優勝して以降、3度しかリーグを制することができなかった。セ・リーグ王者との日本シリーズでも勝てず、一度も日本一に届かなかった。

しかし、日本プロ野球で大きな役割を果たしてきたことは間違いない。1979年の「江夏の21球」、1988年の「10・19決戦」など、いまも野球ファンの心に残る印象的な戦いを見せてくれた。1989年の日本シリーズでの「3連勝のあとの4連敗」を覚えているファンも多いことだろう。「近鉄」はいつも、強大な敵に真正面から立ち向かい、最後の最後で肩を落とす「よき敗者」だった。

「近鉄」はなぜ勝者になれなかったのか？

どうして、彼らの戦いが見る者の心を打ったのか？

近鉄という球団にしかない輝き

弱小球団であった「近鉄」を戦う集団に変えた西本も、「仰木マジック」を駆使して常勝軍団の西武ライオンズを破った仰木も、恩師の西本と同様に3球団で指揮をとり2球団をリーグ優勝に導いた梨田も「パ・リーグを生きた男」だ。

3人とも、現役時代も、引退後に指導者になったあとも、ずっとパ・リーグの球団に属してきた。

「近鉄」最後の選手会長をつとめた礒部公一もまた、「パ・リーグを生きた男」だ。1996年ドラフト3位で「近鉄」にキャッチャーとして入団。監督の梨田によって外野手にコンバートされたあと、中村紀洋、タフィ・ローズのあとを打つ五番打者として2001年のリーグ優勝の原動力になった。

2004年に勃発した「球界再編」問題では、選手会長として球団との折衝役をつとめ、日本プロ野球選手会の中でも重要な働きをした。

２００５年に新設された楽天イーグルスに移籍後、初代の主将・選手会長をつとめたあと、２００９年に現役を引退。その後はコーチとして後進の指導に当たり、２０１７年限りで球団を離れた。

プロ野球選手になって20年以上が経った。どの球団にも属さず、野球解説者として活動するようになって初めてわかったことがある。

「近鉄時代に当たり前だったことが、ほかの球団ではそうじゃないことが多かった。近鉄でしか許されないこと、近鉄だからできたことがたくさんありました。それは、いい・悪いではない。日本プロ野球の歴史を見ても、近鉄にしかない輝きがありました。

近鉄という球団の個性のおかげで、プロ野球で長く活躍することができた。僕にとっては間違いなく、故郷です」

しかし、礒部にとっての故郷はもうない。

「個人的にお付き合いのある関係者や選手はいますが、ＯＢ会も活動がなくなりました。藤井寺球場はもうありませんし、大阪ドームは別のチームの本拠地です。でも、どこかにまだ近鉄バファローズの何か……魂のようなものが残っているかもしれません」

消滅から15年。「近鉄」を知る人は少なくなった。

しかし、「近鉄魂」はどこかに残っているのだろうか？

本書では、それぞれのイニングの表の章でチームの戦い・歴史を追いながら、裏の章でそれぞれの時代をつくった選手や関係者の証言をもとにその裏側を覗く。

「近鉄最後の選手会長」である礒部をナビゲーターに、3人の監督の教え子たち、「近鉄」という球団で育った選手たち、それを見守ったファンの証言をもとに、「近鉄魂とは何か？」を探っていく。

（文中敬称略）

目次

6回表

6回裏

7回表

7回裏

エピローグ

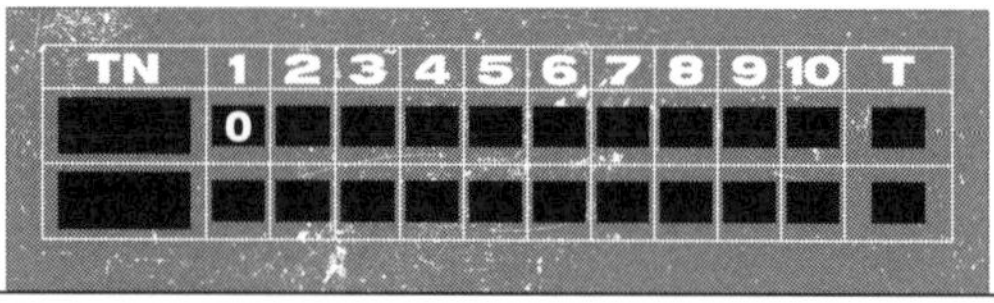

1回表

1970年代の近鉄バファローズ

KINTETSU BUFFALOES CHRONICLE 1970s

〝お荷物球団〟を初優勝に導いた西本幸雄

「近鉄パールス」が創設されたのは、パ・リーグが誕生した1950年。1920年生まれの西本幸雄が、社会人野球の別府星野組から毎日オリオンズ（現千葉ロッテマリーンズ）に入団した年だ。チーム名は1959年からバファローに変わり、1962年からバファローズに改められた。

戦力の整わない新設球団は長く低迷が続き、1974年に西本が監督に就任するまで、24年間で14回も最下位に沈んだ。1969年に三原脩監督のもとで2位になったのが最高の成績だった。

〝お荷物球団〟と言われた近鉄の新監督に西本が就任することが発表されたのは1973年11月14日。阪急ブレーブスを指揮した11年間で5度のリーグ優勝を飾った名監督が同リーグのチームに移ることは、驚きをもって報じられた。

その会見の席上で、西本はこう語っている。

「近鉄の投手陣は一級だし、打線さえ強化すればいいチームになる。いまのチームに欠けているのは打線のパンチ力、選手層、勝利への執念の3つだ。そこを直せば、きっと将来、日本一になれるだろう。2年以内に優勝チームに育てたい。たとえ、2分の1でも」

しかし、近鉄の成績は惨憺たるものだった。チーム成績は42勝83敗5分、勝率3割3分6

厘。５位に13・５ゲーム離され、最下位に沈んでいた。

規定打席に到達した選手は、リーグ打率３位の土井正博（打率３割１分６厘、29本塁打、76打点）と12位の小川亨（打率２割８分９厘、19本塁打、63打点）のふたりだけ。規定投球回数に達したピッチャーは太田幸司（６勝14敗、防御率３・23）、鈴木啓示（11勝13敗、防御率３・４０）、清《せい》俊彦（５勝17敗、防御率４・７１）の３人。チーム打率はリーグ最下位、チーム防御率は５位という弱小球団だった。

「おまえらがおるから近鉄に来た」

阪急相手に４勝（21敗１分）しか挙げることができなかったが、西本は若い選手たちに可能性を感じていた。リーグ最多の27失策を記録したサードの羽田《はだ》耕一、60試合に出場して９失策もしていたキャッチャーの梨田昌孝など、粗削りではあるが、有望な選手が出場機会を得ていた。

当時20歳だった梨田は、西本と初めて言葉を交わした日のことをこう振り返る。

「契約更改のあとに、球団の人から『西本さんが来られるから、待っとけ』と言われました。どんな顔して会っていいのかわからんから、とにかく緊張していました。羽田とふたりでビびりながらあいさつしたら、『名前なんかわかっとる。おまえらがおるから近鉄に来たんや』と言われました」

当然、西本に笑顔などない。梨田と羽田は直立不動で、ただただ深く頭を下げた。

「そのあとで聞いたんですけど、記者の人には『こいつらを3年で1000万円プレイヤーにする』と言っていたらしいです。あの当時は、〝梨・栗3年、羽田8年〟と、そんなようなこともおっしゃっていました。梨田と栗橋茂さん（1973年ドラフト1位）を3年で、羽田を8年で一人前にするということだったんでしょう。『おまえらがおるから来た』という言葉は鮮明に覚えています。

プロ野球で何年も監督をされている方がそう言ってくれているんだから、『ウソでも信じなあかん』という気持ちになりました」

そのころ、パ・リーグで抜群の強さを誇った阪急と違って、近鉄は実績のない選手ばかり。練習中に西本の怒りが爆発することもあった。澱の溜まった弱小軍団を変えるためには、若い選手の台頭とチーム全員の意識改革が必要だった。

監督就任1年目の自主トレーニングでいきなり西本の鉄拳を受けた羽田は言う。

「西本さんの監督時代は、グラウンドで笑うことなど絶対にありませんでした。どこに目がついているかわからない。監督がうしろを向いているときでも、ちょっとだれたプレイをしたら『なにしとんや！』となりますから」

阪急で福本豊や加藤秀司という、のちに通算２０００安打を放つ好打者を育てた西本には、選手に求めるバッティングの型があった。体全体を使って打つことを覚えるためには、並外れた鍛錬が必要だった。

引退するまでに通算１５０４安打、２２５本塁打を放った羽田は続ける。

「バットはかなり振りました。フリーバッティングだけじゃなくて、旅館などの室内でテニスボールや丸めた新聞紙を打つこともありました。手のひらはボロボロで、もうバットを振りたくない。豆が潰れて、血が流れてくる。最初は痛いんですけど、振っている間に麻痺する。バットから手を離して、また握るとすごく痛い。朝起きて、バットを握るのが嫌でねえ……すぐに血がにじんでくる。嫌だ嫌だと思いながら、バットを振らなきゃいかん」

もちろん、西本の厳しさは若手だけに向けられたわけではない。

羽田は言う。

「エースの鈴木さん、四番打者の土井さんに対してもガンガン怒っていました。僕たちはそれを見て、必死で練習をしたもんです」

厳しさの裏側にあった優しさ

監督就任1年目の自主トレーニングという名の合同練習で、いきなり西本の雷が落ちたのだが、梨田も被害者のひとりだった。

「自主トレの初日、いくつかのグループに分かれて、1周70秒とか80秒とかタイムを決めて、ランニングをしていました。一番はじめのグループを走る新人やピッチャーが、バカみたいなペースで走る。こちらはトレーニングコーチに言われたタイム通りに走っているのに、引き離されてしまいました。ドンドン差が開いていくので、西本さんが『前に詰めんか』と言う。でも、集団で走っているから、ペースが上がらない」

監督の言葉を無視しているわけではなかったが、西本の怒りを買った。

「何周か走っているうちに『もう止まれ!』と言われ、僕たちのところまでスタスタ走ってきて、全員を往復ビンタですよ。身長が193センチもあるジャンボ仲根(正広)を、飛び上がって叩きました。監督にこうやれと言われたら、やらないかんのだと思いました。手を抜いているつもりはないけど、本当にすべてを出し切っているかと言われたらそうじゃない。3年目だったから、プロにも少し慣れて、自分に甘いところがあったのかもしれません」

のちに「打撃開眼」するまで、バッティングが梨田の一番の課題だった。だから、羽田とともに打撃練習に明け暮れた。

「手のひらは豆だらけで、皮はほとんど剝けていました。風呂に入っても、タオルが絞れない。こんな手で明日もまたバットを振るんかなと思ったらぞっとしました。1日の練習が終わって夕食のあと、西本さんがポンポン放るテニスボールや新聞紙を打ち返すんですが、一度それが西本さんの顔に当たったことがありました。『コノヤロー、当てやがったな』と言われたんで、怒ってはるかなと思ったら、最後にニコッと笑った。ちょっと恥ずかしそうに笑う目が、忘れられません。あれは西本さんの優しさやね」

ヒットを1本打つたびに自信が生まれる

〝西本道場〟の成果はすぐに出た。キャッチャーの梨田はプロ3年目でレギュラーポジションをつかみ、115試合に出場した。サードの羽田は130試合すべてに出場して打率2割4分8厘、14本塁打、55打点をマークした。1971年ドラフト1位の佐々木恭介も一番ライトに定着し、打率2割6分2厘、13本塁打、39打点を挙げた。

目に見えて、若手は台頭した。それに刺激を受けて、チームの成績も上昇していった。当時のパ・リーグは前、後期の二期制を採用していたが、前期は5位、後期は4位。年間成績は56勝66敗8分だった。

西本が監督に就任して2年目の1975年は実りの多いシーズンだった。前期は、強力な投手陣にドラフト1位の快速投手・山口高志を加えた阪急に優勝を許したものの、31勝30敗4分で3位に躍進した。

後期はスタートから順調に勝ち星を積み重ね、2位のロッテに9・5ゲーム差をつけて独走Vを果たした。監督就任時に語った「2年以内に優勝チームにする。たとえ2分の1でも」という公約を果たしたのだ。

リーグ優勝をかけたプレイオフは前期優勝の阪急との間で争われた。戦前は、近鉄の投手力と阪急の攻撃力との勝負と言われたが、総合力ではまだまだ大きな差があった。一番センター・福本、三番ファースト・加藤といった〝西本道場〟の門下生に、1勝3敗で敗れた。

しかし、2分の1ではあるが優勝を味わったこと、日本一につながる大舞台で戦った経験は大きかった。この監督のもとで厳しい練習を続けていけば強くなれるという裏付けを選手たちに与えることになった。

プロ4年目で初めて優勝を経験した羽田は確かな手応えをつかんでいた。

「後期優勝して、『これでいける』とみんな思ったはずですよ。それまでは阪急に対して苦手意識がありましたが、対戦するのが嫌じゃなくなった。もちろん、すごいピッチャーばかりなんですが、うしろに西本さんがいるというだけで安心感がありました。ヒットを1本打つたびに、自信が生まれていきました」

実際に対戦した阪急の選手も近鉄の変化を感じていた。

阪急ひと筋でプレイし、通算284勝を挙げた山田久志が言う。

「それまでの近鉄のイメージは、まとまりのないバラバラのチーム。力がないわけではないんだけど、リーグチャンピオンを獲れるとは思えなかった。鈴木さんがエースとして頑張っていて、ほかにもいい選手がいたんだけど、チームとしてはね。

西本さんの手にかかれば、いずれは強くなるだろうと思ったけど、ドンドン若手を使ってきた。選手をつくる、選手を見るという力は本当にすごい。鍛えるという部分では、阪急のときよりもかなり厳しくやったんじゃないでしょうか」

欠点に目をつぶって鍛えあげる

西本は練習で選手を絞り上げ、試合でさらに鍛えた。その代表格が、サードの羽田だった。山田が言う。

「羽田というバッターは最初、『なんだ、こいつ?』と思うような選手で、僕のボールにかすりもしなかった。それがそのうち、バッティングが変わって、スイングが鋭くなった。それがピッチャーに対する威圧感になり、打球も強くなっていきました」

1975年に羽田は15本塁打を放ったものの、打率は2割2分1厘。1977年になって、やっと打率2割6分5厘、22本塁打、75打点をマークしている。

その羽田が当時を振り返って言う。

「僕は不器用やったから、最初は西本監督の描いているスイングのイメージがわからないんですよ。だから、下半身でタイミングを取るために、ユニフォームを着たまま、バッティングケージの裏で、けん玉をやらされたりしました。あれは、ひざをうまく使わないとできないから」

プロ入り以来、毎年10勝以上を挙げるエースの鈴木を中心に、投手陣も少しずつ充実してきた。1972年ドラフト3位の井本隆、四番の土井とのトレードで加わったサイドスローの柳田豊がふたケタ勝利を挙げるまでに成長した。1977年ドラフト2位で智弁学園から185センチを超える大型右腕・山口哲治も入団してきた。

右、左、速球派、軟投派とバラエティに富む投手陣を、梨田と有田修三というふたりのタイプの違うキャッチャーが支えていた。野手では、栗橋、石渡茂らがレギュラーポジションをつかんだ。パ・リーグの〝お荷物球団〟の面影はすでに消えていた。

だが、西本は厳しかった。絶対に妥協を許さなかった。

「近鉄に来たときは、阪急の監督になったときとは全然違う。阪急のときは俺自身に実績がなかったから、『西本ってどんなやつや?』とまわりは疑いの目で見とった。近鉄のときには、阪急での優勝5回という実績があったし、マスコミもどんな監督かわかってくれていた。『怖い監督や』と書いてくれたから助かった。

でも、近鉄は人材が豊富というわけではなかったよ。競争させようと思っても、競わせる相手がいない。だから、見込みのある選手をつかまえて、少しぐらいの欠点には目をつぶって、鍛えあげた。打てないからとベンチに下げたら、使う選手がいなくなる。『こいつだ!』と思った選手を徹底して鍛えたよ」

名伯楽の目に留まったのが、梨田であり、羽田であり、栗橋だった。彼らがチームの背骨となり、近鉄は少しずつ力をつけていった。

監督に休めと言われない限り試合に出る

西本には独特の育成哲学があった。それが近鉄というチームの基礎を築くことになる。

「羽田なんかは、時間がかかったな。こっちが言っていることが頭ではわかっているんだけど、どんくさくてね。だけども、どうにかしてモノにしなくちゃいかん。ああいうスケールの大きい、パンチのある選手がチームには必要なんだよ。おとなしくて、本当にいいやつだった。不器用だったけどね。

プロ野球選手の寿命は短いんだから、2、3年でメドが立つようにしないといかん。指導する人間がいいかげんなことを言ったら、悪いクセがすぐにつく。近鉄では金を使わずに成果を上げないといけなかった。そんなに時間もないからね。コーチが教え方をわからないようなときには、コーチも選手と一緒に教えたよ」

チームを率いるリーダーとしての信念もまた確固たるものがあった。

「監督の意向、方針をなんとしてでも植え付けるんだという気持ちでいなくちゃならん。選手はそれに従わないといけない。監督と選手との関係をつくるのは、チームを預かった者の責任だ。そういったものをうやむやにしていると、しめしがつかない。一対一ならまだしも、集団になると、陰に隠れて『バレなきゃいい』というやつがいくらでもおるわけや。

放っておくと、いつの間にか、汚いやつのグループができる。集団が悪い方向に流れそうなくらい危険なことは、なんとしてでも止めなきゃいかん。若い選手たちをある方向に全部向かせようとしたら、それぐらいの気持ちがないとダメだよね」

強烈なリーダーに率いられ、近鉄は着実に結束を強めていった。

全身全霊で戦いに挑む選手たちは満身創痍だった。選手たちは傷つきながらも真っ向から戦いを挑んだ。

チームの中でも特に頑健な肉体を誇った羽田だったが、ケガや故障がない状態で試合をした記憶がない。

「僕は何回もケガをしました。自分の打球が足に当たったときには、爪の間から血を抜いてから試合に出ました。内出血をしていて痛いのは監督も知っているはずなのに、休めとは言いません。トレーナーに『痛いけど、どうしたらいいですか?』と聞くと、『血を抜けば痛みはなくなる』と言われて、注射針を爪と肉の間に突っ込んで血を抜いた。拷問ですよね。僕は自分で足をつねって痛みをこらえました」

それでも、スパイクを履いたら患部が痛い。ほかに方法が見つからず、羽田はスパイクの爪先の部分を切った。

「切ったところから白いアンダーソックスが見えるので、そこに上から黒いマジックを塗りました。痛いところはむき出しだったから、もしボールが当たったら相当痛い。『そうなったらそうなったでしょうがない』と覚悟を決めました」

そんな状態であることを西本が知らなかったはずはないが、声をかけることはなかった。

羽田が続ける。

「選手が痛いと言ってもダメなんです。監督が自分の目で見て、休めと言わない限り、試合に出る。途中でケガをしてもテーピングを巻いて。みんなどこかは故障していたと思いますよ。僕は万全の状態でプレイしたことはない。でも、どこか具合が悪いときのほうが、力が抜けてよかったのかな。選手は、ケガをしていても、試合になれば忘れますから」

ライバルは3年連続日本一の阪急

　1975年から1977年まで、西本が育てた阪急の選手たちが黄金時代を築いていた。1976年に長嶋茂雄監督が率いる読売ジャイアンツを倒して2年連続の日本一を達成した阪急は、翌年には前後期優勝を果たし、日本シリーズではまた長嶋巨人を粉砕している。

　1975年に後期優勝を飾った近鉄は、翌年は前期5位、後期は4位に終わった。1977年の前期は3位と躍進したが、後期は最下位に沈んだ。だが、個人としても、チームとしても戦う集団に変わりつつあった。

　1978年の後期、日本一の阪急を1ゲーム差まで追い詰めた近鉄の選手たちは自信に満ちあふれていた。

　四番を任されることもあった羽田はチームの変化に気づいていた。

「そのころから、試合の途中まで負けていても最後にはひっくり返せるという手応えをつかんでいました。それは西本さんの指導のおかげだと思う。実際に、9回裏ツーアウトからでも逆転できましたから。試合が終わるまで『あきらめるな』とみんなで言い合っていました。

自主トレ、キャンプ、シーズンを通じて培われた精神力ですね。

西本さんは原石を見つけて、それを磨いて光らせる人。僕はどんくさいから時間がかかったんじゃないですか。僕が鍛えてもらったのは精神面。やっぱりそれが第一ですから」

1979年。前期は開幕ダッシュに成功し、阪急相手に3連勝してから波に乗った。5月29日にはマジックナンバー18が点灯する展開になった。

近鉄打線に火をつけたのは、ヤクルトスワローズから移籍してきたチャーリー・マニエルだった。開幕から2カ月足らずで20本塁打をマーク。主砲の打棒が炸裂すれば、ほかのバッターも勢いづいた。自慢の〝猛牛打線〟が白星をもぎ取っていく。

しかし、前期優勝を勝ち取るかと思われたとき、アクシデントに襲われた。ロッテの八木沢荘六の投球をアゴに受けて、マニエルが戦列から離脱。四番にぽっかりと穴が開いてしまった。

歯車の狂った近鉄は阪急の強烈な追い上げにあった。マジック点灯から1カ月後の6月22日、両チームは同率首位に並び、翌日には首位の座を阪急に明け渡した。24日、近鉄は南海に勝ち、阪急が日本ハムに敗れ、また首位が入れ替わった。前期の残り試合はもう少ない。

6月26日、近鉄が南海との前期最終戦で勝つか引き分ければ、優勝が決まる。1対1で迎えた8回裏、南海の攻撃。ツーアウト一、二塁からセンター前ヒットが飛び出した。センターの平野光泰がキャッチャー・梨田にノーバウンド返球。近鉄はこのスーパープレイで引き分け、前期優勝を決めた。

後期は阪急の独壇場だった。9月21日にマジックが点灯し、そのままゴールまで突っ走った。フェイスガード付きのヘルメットを着用したマニエルの復帰で近鉄打線が奮起したものの、2ゲーム差の2位に終わった。

近鉄はみんなでまとまって戦う集団

この年のパ・リーグの優勝は、前期の覇者・近鉄と後期を制した阪急との間で争われた。プレイオフで、〝西本道場〟の門下生との2度目の師弟対決が実現することになった。

第1戦は近鉄打線が阪急のエース・山田を打ち崩して5対1で先勝した。8回のワンアウト満塁のピンチにマウンドに上がり、阪急打線を抑えたのはプロ2年目の20歳・山口だった。

打撃戦となった第2戦を制したのも近鉄だった。5回ツーアウト一、二塁で、阪急の山口から有田がスリーランを放ち、8回には平野のレフトへのツーランホームランで2勝目を手繰り寄せた。

第3戦は延長戦に突入したが、10回表にセンター前ヒットを放った梨田がホームを踏んで2対1で勝利を飾った。3試合すべてに登板し、1勝2セーブをマークした山口が最優秀選手に選ばれている。

試合後、教え子たちの手で、西本は9度、宙に舞った。

プレイオフ第1戦に先発し、第3戦の延長10回にリリーフ登板した山田は敗戦の瞬間、不思議な気分を味わっていた。

「近鉄が初優勝したときにはほっとした部分もありました。『師匠、お疲れさまでした』という感じ。素直に『おめでとうございます』と思えました。近鉄は敵なんだけど、阪急の西本門下生にはそんな気持ちがあったでしょうね。もちろん、悔しくないわけじゃないんだけど。僕らに勝って優勝したんだから、日本一になってほしいと思った」

3年連続で日本一になっていた阪急にないものが、近鉄の選手たちにはあった。

山田が続ける。

「阪急のほうが技術的には上だったと思うけど気持ちの面では押されていた。近鉄はムキになって攻めてくる。彼らの勝ちたい気持ちは強かった。近鉄には、土のにおいのするやつばかり。球場自体も泥臭かったし、近鉄ファンよりも西本ファンのほうが多かったんじゃないかな。西本さんはよく『スター選手はいらない』と言っていたけど、みんなでまとまって戦う集団のほうがいいと考えていたと思う」

ここに、2004年まで続く近鉄の原型があった。

全員の気持ちがひとつになればすごい力になる

1950年の球団創設以来、一度も優勝したことのなかった〝お荷物球団〟がやっと勝利の美酒に酔った。西本が監督に就任して6年目にして初めてつかんだ優勝だった。

試合中に笑顔を見せることのない指揮官も、このときばかりは相好を崩した。弟子思いの59歳の素の西本がそこにはいた。

初めてのビールかけを経験した羽田が振り返る。

「今年は優勝できると思っていましたが、初優勝したときにはもう夢みたいな感じだったですね。裏方さんも含めて、チームがひとつの塊になっていました。全員の気持ちがひとつになれば、すごい力になるんですよ。

ビールかけのときには、西本さんも頭からビールをかけられてグシャグシャでした。ビールから日本酒からコーラから、いろいろなものをかけられるけど、全然嫌じゃなかった。あんなに気持ちがいいものだとは思わなかったですね。西本さんはみんなにビールをかけられて、キャーキャー言うとったですよ（笑）。

あれほど怖い監督が勝てばこんなになるんかと思いました。本当にうれしそうな顔をしていましたよ。人が変わったみたいにはしゃいでね」

しかし、指揮官にとって、喜びに浸る時間は一瞬だった。西本にとって、因縁のある日本シリーズが待っていたからだ。選手にも戦力にも戦い方にも、まだまだ満足できなかった。

西本は初優勝したチームについて、こう語った。

「力で優勝したんだという気持ちは少しもなかったね。俺たちに本当の強さがあったわけじゃない。力のない者みんなが、一生懸命になって、ない力を振り絞ってやっと勝ったという優勝やった」

西本は7度目の日本シリーズと、逃し続けてきた日本一の座をしっかりと見据えていた。

1974年3月に広島県で生まれた礒部公一は5歳。まだ野球をはじめてもいなかった。

1979年10月16日、日生球場。球団創設30年目にして初のリーグ優勝を果たした西本幸雄（左）は、平野光泰（中央）、佐々木恭介（右）からビールをかけられる。

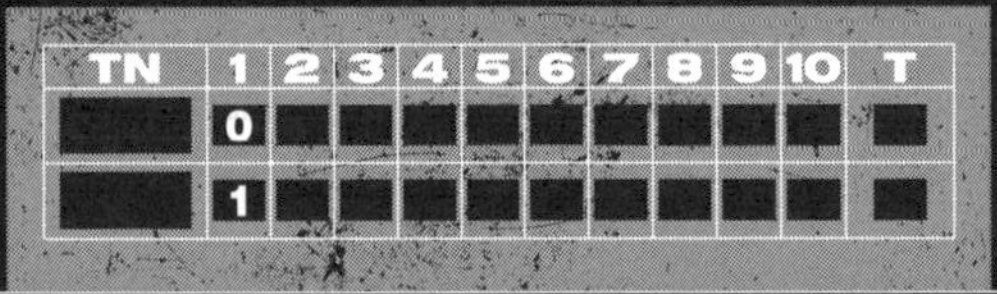

1回裏

梨田昌孝（1972-88／2000-04）の近鉄魂

「僕は西本幸雄の分身
みたいな感じで、
〝近鉄バファローズ〟の血が入っている」

Nashida Masataka

なしだ・まさかた／1953 年生まれ、島根県出身。71 年、ドラフト2 位、72年、入団。現役時代は88年に引退するまでキャッチャーとして近鉄ひと筋。リーグ優勝2 回を経験し、ベストナイン3 回、ゴールデングラブ賞を4回受賞。2000 年に大阪近鉄バファローズ監督に就任すると、01 年、近鉄最後のリーグ優勝へと導いた。

1953年8月、島根県浜田市に生まれた梨田昌孝は高校三年の春のセンバツ、夏の甲子園に浜田高校の四番キャッチャーとして出場している。実家に近い広島に本拠地を置く広島東洋カープから指名のあいさつを受けていたが、1971年ドラフト会議で梨田を指名したのは近鉄バファローズだった。高校生のキャッチャーを2位指名したところに、球団の期待の高さが表れている。

梨田が当時を振り返る。

「家から近い球団だし、熱心に誘ってくれていたんだけど、広島はドラフト1位で同じキャッチャーの道原裕幸さんを指名したんだよ。あれには、本当にがっかりした。1979年に日本シリーズで対戦したとき、広島のオーナーだった松田耕平さんに『梨田くんを獲っときゃよかった。失敗したよ』と言われてうれしかったね。でも、広島に入っていたら、どうなったかはわからない」

1971年ドラフト会議で近鉄が1位で指名したのは新日鐵広畑の佐々木恭介。2位が梨田、4位が三田学園の羽田耕一、6位がクラレ岡山の平野光泰だった。

「どういうチームかはわからなかったけど、近鉄という親会社は私鉄の中で一番路線が長いということを聞いて、ものすごくしっかりした会社に入れるんだなと思いました」

プロ1年目の1972年に一軍で9試合に出場、1973年には60試合に出場し、打率は2割を切ったものの(1割9分7厘)、2本塁打を放っている。とにかく、肩の強さには定評があった。

20歳の梨田にとって、プロ3年目から8年間も仕えることになる西本幸雄は「強い阪急の怖い監督」という印象しかなかった。

「とにかく、恐ろしい人というイメージですね。笑顔なんて見たことがない。いつも、苦虫を噛み潰したような、難しい表情をされていました。少々のことでは動じないような、そんな印象を受けました。ただ、僕は若かったから、『この人が闘将と言われる西本さんか』という感じでしたね」

西本への反抗から生まれた新打法

１９７４年に１１５試合に出場しキャッチャーのポジションを奪ったかに見えた梨田だが、打率は1割9分4厘に終わっている。１９７５年は出場試合が45、その後も48試合、80試合、58試合しか出ていない。１９７２年ドラフト2位で新日鐵八幡から入ってきた有田修三がいたからだ。

社会人野球で経験を積んだ有田は梨田の2歳上。強気なリードとパンチ力のある打撃が売りだった。プロ2年目の１９７４年から一軍に定着し、エースの鈴木啓示のときに起用されることが多かった。有田の出場試合数は１９７５年が１１２、１９７６年は１２４だった。梨田は有田に後れを取っていた。

「僕はケガが多かったせいもあって、有田さんが試合に出ることが多かった。そのころ、『キャッチャーはふたりもいらんから、ほかのチームに行ったろうか』と考えていました。西本さんに嫌われたらトレードに出してもらえるかなと思って、黙ってバッティングフォームを変えたんです」

梨田の代名詞になる〝こんにゃく打法〟は西本への反抗、当てつけから生まれた。打撃改造をきっかけに飛躍するとは、本人は思っていなかった。

バットを体の前に立てて構え、体全体をくねらせながらタイミングを取ることで打率が上がり、打球も遠くに飛ぶようになった。

「僕にはパワーも瞬発力もあったけど、ボールをとらえる瞬間に力が抜ける。ヒッチする（バットを持つ手が下がる）クセもあったから、グリップを低いところに置いて打ちはじめようと、逆転の発想から生まれたバッティングフォームです。

不思議なことに、うまくタイミングが取れて、打てるようになりました。西本さんに反抗してフォームを変えたのに、逆に『理に適っとる』と褒められました。『自分でよう考えた』と。こっちは、『もう嫌われてもええ』くらいの気持ちだったのに」

いまほど、選手と監督が密にコミュニケーションを取ることなどなかった。ただでさえ、大正生まれの西本には近寄りがたい。レギュラーポジションを有田に奪われていた梨田からすれば、相談はしにくかったはずだ。

もちろん、西本が梨田を見捨てるはずはない。

「普段は、選手から話しかけられるような雰囲気じゃないから、ほとんど言葉を交わしてなかったんです。西本さんが教えるバッティングの型は独特で、僕にはできなかった。言われた通りにやると、ファールになる。僕なりの個性を出そうと思ってやったのがあの打ち方でした。西本さんは何も言わず、見守ってくれました」

指名打者に強打者を置くパ・リーグであれば、守備優先のキャッチャーでも生きられる余地はあった。ただ、同じチームにパンチ力のある有田がいる限り、打てないキャッチャーの出番はない。しかし、〝こんにゃく打法〟を会得した梨田の打率は2割7、8分をマークするようになった。

強烈なライバルが梨田を育てた

西本への反抗から〝こんにゃく打法〟が生まれ、梨田と有田のライバル関係がチームのエンジンになっていく。敵は相手の選手だけではない。チームメイトとも戦わなければならなかった。

「鈴木（啓示）さんが投げるときには有田さん、それ以外には僕が起用されることが多かった。1980年は僕が15本塁打で、有田さんが16本塁打を打っています。キャッチャーだけで30本を超えているわけだから、すごいですよね。

試合にはひとりしか出られない。競り合っているときは、特に出たくてしょうがなかった。出ないと金にならん。でも、だからこそ、勉強になったことがたくさんありました」

スターティングメンバーから外れた梨田は何をしていたのか。自軍ベンチでライバルのリードを観察していた。

「キャッチャーというポジションはケガが多い。有田さんが守ってくれれば、僕は休めて、体のケアができる。有田さんの配球をじっくり見て、バッターのボールの見逃し方やピッチャーのクセをチェックしました。実際にマスクをかぶるときとは違う角度から野球を見ていました。貴重な勉強ができたと思います」

1979年に梨田が114試合に出場して打率2割7分2厘、19本塁打、57打点をマークすれば、58試合に出場した有田は打率2割7分1厘、8本塁打、24打点の成績を残した。先発を外れたキャッチャーが指名打者に回り、代打の切り札になることもあった。

1980年は、梨田が118試合に出場、打率2割9分2厘、15本塁打、55打点。有田は95試合に出場し、打率3割0分9厘、16本塁打、37打点という成績を残した。

常にもうひとりのキャッチャーと比べられる緊張感が梨田を育てた。有田のリードが梨田を大きくした。同じことが、有田にも言える。

「ふたりのキャッチャーがいることで、チームとしての配球の幅は広がったでしょう。僕は有田さんのリードを見ながら『そんな球を投げさせるのか』『俺ならこうするのに』とシミュレーションをしていました。『ああ、やっぱりこれか』『全然、違ったな』と答え合わせをしながらね。それがすごく生きたと思います」

明日の試合、次の打席で出番があるかもしれない。これほど生きたレッスンはなかなか経験できないだろう。

〝柔〟の梨田と〝剛〟の有田を使い分ける

西本は性格も考え方も違う〝ふたりの正捕手〟をピッチャーや試合展開、相手チームによって使い分けた。〝柔〟の梨田と〝剛〟の有田。西本はふたりの起用法についてこう語っている。

「俺が思うに、梨田は穏やかというか、穏便な方向に進めることが多い人間で、そういう性格や考え方がピッチャーをリードするときに出てくる。有田のほうは、少し過激なんだ。苦しい場面で、ピッチャーに苦しいことを要求するわけよ。『ここでこの球を投げなかったら、おまえは潰れるぞ』と。梨田は苦しい場面で苦しいことを要求するとピッチャーが自滅すると考えるのかもしれないが、投げやすいサインを出す。そういうリードなんだよ」

エースの登板のときに、その違いが顕著に出た。

「たとえば、有田のサインに鈴木が首を振る。それでも有田は『この球で来い!』と同じサインを出す。あるいはタイムをかけてマウンドに行って、『いま、あんたが投げたいボールを相手が待っとるで』と言う、そういう性格なんや。梨田は鈴木が『ストレートで』と言えば、『そうしますか』となる。どっちがいいか悪いかということじゃないよ。これはタイプの違いだから。ただ、鈴木の場合、有田が合っていたと思う」

ふたりのライバル関係は、1985年のシーズン途中に有田が読売ジャイアンツに移籍するまで続いた。

梨田が言う。

「鈴木さんにはよく『おまえのときはそうじゃないけど、有田のミットは燃える。腹立てながら投げてた』とよくおっしゃっていましたね。僕はピッチャーに対して『がんばれ、がんばれ』というほうだったから。

たしかに、ふたりの性格はまったく違った。あんまり好きな性格じゃなかったけど、それは有田さんもそうだったかもしれないね(笑)。もちろん、ふたりで食事にいったことはありません。大勢で飲んでいるときには、どんなことを話すのかをしっかり聞いていましたけど。気になる存在でした」

パ・リーグひと筋に生きた男

1979年、1980年のリーグ連覇の立役者になった梨田は、1988年まで現役を続け、近鉄ひと筋の野球人生を終えた。1986年からは出場試合数が減ったものの、重要な場面で梨田にしかできない働きを見せた。1988年10月19日のロッテとの「10・19決戦」の第1試合で放った同点タイムリーはその代表的なものだ。

1989年はNHKのスポーツキャスター・野球解説者として、後輩たちのリーグ優勝を見届けた。

1993年に一軍の作戦兼バッテリーコーチとしてチームに復帰。1996年から二軍監督をつとめた。2000年に一軍の監督に就任し、2001年には近鉄として4回目の、そして最後のリーグ優勝を飾った。そのとき、五番打者として活躍したのが、梨田の命によって外野手専任になった礒部公一だ。

梨田にとって、近鉄魂とは何なのか?

「僕は西本幸雄の分身みたいな感じで、自分の中に〝近鉄バファローズ〟の血というのが入っていると思う。チームは実質的になくなってしまったけど、近鉄OBが別のチームでプレイしているし、もしかするとどこかの監督をやることがあるかもしれない。そのときはやっぱり、近鉄の血を忘れないでほしい」

2004年に近鉄のユニフォームを脱いだあと、2008年に北海道日本ハムファイターズの監督に就任。就任2年目の2009年にチームをリーグ優勝に導いた。2016年から東北楽天ゴールデンイーグルスの指揮をとった。

いみじくも梨田は、恩師の西本と同じく、パ・リーグの3球団で監督をつとめた。2度、日本シリーズに出たが、日本一の座には届かなかった。

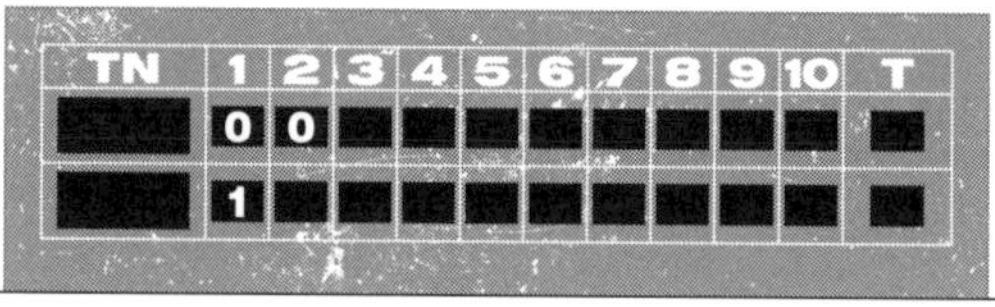

2回表

近鉄から見た「江夏の21球」

1979年-1981年の近鉄バファローズ

KINTETSU BUFFALOES CHRONICLE 1979-1981

近鉄バファローズという球団を語るとき、必ず出てくる試合がある。

1979年11月4日に大阪球場で行われた広島東洋カープとの日本シリーズ第7戦。近鉄の選手たちにとっては初めての、監督である西本幸雄にとっては7回目の日本シリーズだった。大毎オリオンズの監督として臨んだ1960年の日本シリーズも、阪急ブレーブスの監督としてV9時代の読売ジャイアンツに挑んだ日本シリーズも、西本は勝てなかった。

しかし、指揮官が〝悲運の……〟という言葉で語られるのは仕方がないが、近鉄の選手には関係ないことだ。対戦するセ・リーグ王者は、西本阪急が5度も弾き返された巨人ではなく、実績の乏しい広島だった。近鉄の若い選手たちが臆する理由はない。

リリーフエースの江夏豊、強打の山本浩二、衣笠祥雄はいるものの、恐れるほどの戦力ではない。1975年に初めてリーグ優勝した広島は、〝西本道場〟の門下生である阪急ブレーブスに1勝もすることができず、敗れ去った（4敗2分）。

西本も「勝てる」と踏んでいた。

「俺は日本シリーズに6回挑んでいずれも負けておるけれども、今度こそ勝てると思った。江夏、山本、衣笠がいても、名前負けすることなく戦えるという気はしとったね。広島というチームは、近鉄に負けないくらいの〝お荷物球団〟やったけど、一生懸命にやったおかげで日本シリーズに出てきた。

投打にバランスが取れていて、近鉄と同じように、イチからつくり上げたたくましさがあるという感じがしてた。デコボコなところを無理やりにハンマーで叩いて斬れる刀にした、そんな印象だったね」

日本一に縁のない両チームの対決、かつて〝お荷物球団〟と言われた球団同士の日本シリーズは、1979年10月27日に大阪球場でスタートした。

負けの歴史から抜け出した自信

このシーズンの近鉄の戦力は充実していた。四番に座ったチャーリー・マニエルは、死球による骨折で3カ月も戦列を離れたが、97試合に出場して打率3割2分4厘、37本塁打、94打点をマークした。その大砲に刺激を受けて、三番の佐々木恭介は打率3割2分0厘、18本塁打、46打点、五番の栗橋茂は打率2割9分1厘、32本塁打、80打点と大爆発した。トップバッターの平野光泰が18本塁打、八番の梨田昌孝が19本塁打を放っている。チーム打率2割8分5厘、チーム本塁打195本は、12球団でトップだった。

投手陣も充実していた。エースの鈴木啓示は肩痛に苦しみ10勝8敗に終わったものの、リリーフエースに成長した山口哲治が7勝7敗4セーブ、防御率2・49で最優秀防御率のタイトルを手にした。ローテーションの柱になった井本隆が15勝4敗、防御率3・61、サウスポーの村田辰美が12勝8敗2セーブ、防御率3・42、右サイドスローの柳田豊が11勝13敗4セーブ、防御率4・09という成績を残していた。バラエティ豊かな投手陣は12球団トップのチーム防御率3・70を記録した。

一方の広島も、多彩なメンバーを揃えていた。42本塁打、113打点で打点王に輝いた四番の山本、33試合連続安打の日本記録を樹立した盗塁王の高橋慶彦、パワーヒッターのジム・ライトル、エイドリアン・ギャレット、衣笠、水谷実雄の脇を三村敏之、木下富雄といった実力者が固めている。

17勝を挙げた北別府学、12勝の池谷公二郎が牽引する投手陣はセ・リーグ1位のチーム防御率3・74を誇る。試合終盤になれば、9勝5敗22セーブで最優秀救援のタイトルを獲得したリリーフエースの江夏がマウンドに上がるのがいつものパターンだ。31歳のベテランは、55試合に登板し、100イニング以上を投げていた。

戦力的にはほぼ互角。広島の主力選手には1975年の日本シリーズを戦った経験があるが、近鉄には7度目の日本シリーズ出場となる西本がドンと構えている。

西本は言う。

「みんなでペナントレースを勝ち取って、ある程度戦えるだろうという気持ちはあった。でも、勝負の世界は、実力が備わっているだけで勝てるというもんでもない。負け続けてきた歴史から抜け出して、『俺たちはやってきた』という自信はあったんだけど……」

井本の強気と鈴木の〝エースのプライド〟

西本が指揮官として初戦の先発に選んだのは、強心臓で知られる井本だった。このときすでに通算252勝をマークしていた鈴木のエースのプライドを理解したうえでの予想外の起用だった。

「当然、鈴木には『俺がエースだ』というプライドがある。近鉄のエースは誰が見ても鈴木だったけれども、彼はすごく責任感が強くて、大事な試合で『この試合はおまえに任す』と言うと、あまり結果がよくないんだよね。意識させすぎると、固くなる。『よし、やってやる!』という気持ちが人一倍強いんだな」

ピッチャーのコンディションを重視する現在と違って、どのチームも日本シリーズには総力戦で臨んだ。第1戦に登板したエースが第4戦、第7戦に先発することも珍しくなかった。

「日本シリーズでは2戦目が大事だと言う人もいるけれども、最初に投げるピッチャーがエースだという意識が選手にはある。だけど、〝この試合〟というときに鈴木はよくない。だから、鈴木には話をして、2戦目に投げさせた。彼も大人だから、面と向かっては何も言わん。ぐっとこらえてね」

この選手起用が吉と出た。

「不思議なことに、2戦目に投げさせたら、鈴木はいいピッチングをする。翌年も勝ったよね。彼には『なぜ俺を初戦に投げさせんのか』という思いがあって、闘志が敵ではなくて俺に向かうから、あまり緊張しない。そういう気持ちの動きが俺にはわかったんや。第1戦に投げた井本は、細かいことは考えないで、パッパパッパ投げる。それで成功したね」

10月27日、大阪球場。第1戦のマウンドに上がった井本は強力な広島打線を相手に強気なピッチングを見せた。4安打2失点に抑え、近鉄に日本シリーズ初勝利をもたらした。

第2戦に先発した鈴木は何度もダブルプレイに助けられ、6安打完封勝利を飾った。7回途中からマウンドに上がった江夏から鈴木の女房役の有田修三がツーランホームランを放ち、2連勝という上々のスタートを切った。

ライトにマニエルという爆弾を抱えた戦い

ただ、この日本シリーズでは、近鉄に不利な条件があった。シーズン中は指名打者（DH）として打棒を爆発させたマニエルの守備位置が問題だった。

パ・リーグは1975年から指名打者制を導入したが、日本シリーズでは採用されていなかった。マニエルの打撃を生かすためには、守備に目をつぶらざるを得ない。近鉄はライトに爆弾を抱えたままで戦っていた。

広島市民球場で行われた第3戦は、近鉄が初回に2点を奪ったものの、7回裏にリリーフの山口が逆転を許し、8回から登板した江夏に抑えられた。抑えの切り札の出来が明暗を分けた。

続く第4戦は、近鉄の強力打線が広島の福士明夫を打ちあぐむ。マニエル、有田のホームランが飛び出したが、3対5で敗れた。

流れが広島に移ったことを意識してか、西本は積極的に選手を入れ替え、打順も動かした。第1戦から第3戦まで10打数ノーヒットだった平野に代えて、第4戦では阿部成宏を一番センターに抜擢している。第5戦はショートに永尾泰憲、第6戦と第7戦ではショート・石渡茂をトップバッターに置いた。

西本がその意図を明かした。

「レギュラーや打順にはそれほどこだわりがないというか、一度決めたものは変えないという考えはなかったよ。選手の調子や状態を見極めることに関しては、自信があったから。俺はレギュラーを追い越しそうな選手が出てきたら、そいつを使う。それがいいことか悪いことかは知らんけれども、とにかく頑張った選手を起用した。打順もあまり固定しなかった。もちろん、選手に遠慮するようなことはまったくなかった。一緒に戦ってきて、みんな、監督の意向はわかっとる」

広島のマウンドには守護神の江夏が

第5戦に先発した鈴木は第2戦と同様に、快調なピッチングを見せた。5回まで0点で抑えていたが、ピッチャー・山根和夫のヒットからピンチを招く。ツーアウト二塁の場面で三村にライト前ヒットを打たれ、マニエルが打球の処理にもたつく間に1点を失った。近鉄打線は山根に2安打完封を許した。大阪で2勝しながら、敵地・広島で3連敗。マニエルの守備の欠陥が失点につながり、打線も湿りがちになった。

背水の陣を敷く近鉄は第6戦のマウンドに井本を送った。中2日のスクランブル登板にもかかわらず、ピッチングは冴えに冴えた。三村と山本の2本のホームランによる2失点に抑え、3勝目を呼び込んだ。

そして迎えた第7戦。歴史に残る大勝負が展開されることになる。近鉄の先発はエース・鈴木、広島の先発は第2戦と第5戦で好投している山根だった。両投手とも、3度目の先発マウンドだった。

西本が言う。

「それまで6戦も戦っているんだから、広島に対して新しい方策みたいなものはない。当日になっても、特別な感情は湧かなかったよ。選手にも、気負いとか緊張はなかった」

先攻の広島は初回、トップバッターの高橋がライト前ヒット。これをマニエルが後逸して三塁へ。二番の衣笠のセンター前ヒットで先制した。3回には水谷のレフト前ヒットで追加点を挙げた。

山根の快投の前に、近鉄はゼロ行進が続いたが、5回裏に平野がセンターオーバーのホームランを放って同点に追いついた。6回に広島が2点、近鉄が1点を取り、3対4で試合は終盤に突入した。

9回表、近鉄のリリーフエース・山口が広島打線を抑えた。最後は近鉄の攻撃を残すだけ。広島のマウンドには江夏が立っていた。

ここから「江夏の21球」が始まる。

バッターボックスに向かうのは、羽田耕一。ここまで23打数7安打、打率3割0分4厘、5打点をマークしていた六番打者は冷静に江夏のピッチングを分析していた。

「1点差だったから、初球はインコースに来るはずがない。江夏さんはコントロールがいいので、ホームランになる球は投げないだろう。カーブはひとつ間違うと長打になる。だから、アウトコースのストレートだと考えました。そういう読みで初球から打ちにいって、センター前ヒットになりました」

9回裏ノーアウト満塁、サヨナラのチャンス

羽田の代走に、〝足のスペシャリスト〟藤瀬史朗が送られ、近鉄ベンチは一気に活気づいた。

藤瀬は4球目にスタートを切って、盗塁に成功。キャッチャーの水沼四郎の送球がセンターに抜ける間に三塁まで進んだ。ノーアウト三塁。藤瀬がホームに戻れば同点になる。クリス・アーノルドが四球で歩いて、近鉄のチャンスはノーアウト一、三塁と広がった。八番・平野の3球目にアーノルドの代走・吹石徳一が二盗を成功させノーアウト二、三塁になった。江夏は平野を歩かせ満塁策を取った。

ノーアウト満塁。三塁ランナーの藤瀬がホームを踏めば同点。二塁にいる吹石が還ってくれば近鉄の逆転サヨナラ勝ちだ。日本一を逃し続けた西本が悲願を達成するのに、これ以上の場面はない。

広島ベンチはタイムを取った。マウンドの江夏を中心に野手が集まってきた。ファースト・衣笠、セカンド・木下、サード・三村、ショート・高橋。

そのとき、西本は代打に送る佐々木と次のバッターの石渡を呼んだ。

「9回裏、ノーアウト満塁の場面で、監督の俺がどうこうするケースじゃないと思った。あとは打席に立つ選手が打つだけや。佐々木が打席に入る前にタイムがかかっていたから、ふたりを呼んで『全部振れ！』と言った」

江夏が佐々木に投じた1球目は、ひざ元に落ちるカーブ。2球目の外角ストレートがストライクになってワンストライク、ワンボールになった。3球目、真ん中低めに沈む球を佐々木が強振した。打球はサード・三村の頭上を越えたが、ファウルの判定。白線から30センチ外にボールは落ちた。一塁側ベンチの上には紙吹雪が舞ったが、勝負は終わっていない。

ベンチにいた栗橋は言う。

「あとになって、この打球が三村さんのグラブをかすめたんじゃないかという話も出たんだよね。三村さんがそう言ったって。俺も映像で確認してみたけど、ボールとグラブの間には隙間があるように見えた」

失敗すればいくらでも腹を切る

西本はベンチで苦虫を嚙み潰したような表情だった。佐々木が指示通りに動かなかったからだ。

「問題は、佐々木が2球目を見逃したこと。ランナーが三塁にいるときや満塁の場面では、バッターに『引っ張らずにピッチャーに向かって打ち返せ』と常々言うてた。実際にヒットになったかどうかはわからんけど、そういう気持ちがあったら、強い打球が飛んだはずや。

あの日の江夏の決め球は、右バッターのひざ元に落ちるカーブやった。追い込まれてその球が来る前に打てと言うたんやけどな……」

追い込まれた佐々木は、6球目のカーブを空振りして三振。ワンアウトになった。しかし、塁はすべて埋まっている。近鉄のチャンスは続く。

西本は動かない。

「バッターの石渡に対して、改めてものは言っていない。その前にふたりに『全部振れ！』と言うたあれだけや」

しかし、石渡はバットが出ない。初球のカーブを見逃して、ワンストライクになった。ここで西本に策が浮かんだ。

「石渡は、外から入ってくるカーブをしゃがんで見逃した。1球目から打ちにいく気持ちがあったら、たとえその球が少しくらい高くても打つ体勢になるはずやのに、ボールから目を離した。追い込まれてから、江夏のひざ元に落ちる球はなかなか打てんよ。しかも、ストライクからボールになる球は。

だから、その瞬間に考えた。石渡に打たせるよりも、当てる、バントだなと。振るよりも当てる確率がよっぽど高いと思ったよ。とっさに『よし、スクイズだ』と」

初めて臨んだ1960年の日本シリーズで、スクイズ失敗で苦杯をなめたことは、西本の記憶に刻まれていた。それでも、決断した。

「サインを出す何秒間かに『バントしかない』という気持ち、『失敗したらどうする?』という考えが交錯した。それで確率の高いほうを選択して『失敗すればいくらでも腹を切る』という覚悟でスクイズのサインを出したんや。

実は『石渡はバントがヘタなんだけどな』という考えが浮かんだけれども、前に転がりさえすれば、江夏の守備と藤瀬の足を考えれば、何とかなる」

栗橋が初めて他人のサインを見た瞬間

このとき、栗橋もスクイズのサインが出るのを見た。

「普段は、他人のサインなんか見ないんだけど、あのときが初めてだった。『うわっ、スクイズかよ』と思ったね。それまでベンチからヤジが飛んで、ワーワーうるさかったのに、その瞬間だけシーンとなった……あとで高橋慶彦に聞いたよ、『スクイズのサインが出たのがわかった』って」

石渡がバントを苦手としていることは、近鉄の選手なら誰もが知っていた。

しかし、三塁ランナーの藤瀬は走塁のスペシャリストだ。江夏の守備はお世辞にもうまいとは言えない。タッチの必要のないフォースプレイであっても、打球を転がすことができればホームをおとしいれる可能性は高い。

左投手の江夏は背後のランナーの動きを気にしながら、右足を上げた。

西本は言う。

「キャッチャーの水沼にスクイズを感づかれたみたいやね。そのずっとあとに、水沼と一緒に仕事をする機会があったから聞いてみた。『スクイズを警戒しとったんか』と。水沼は、初球を石渡が打ち気なく見逃したから、何かあるという気持ちでおったらしい。だから、江夏がモーションを起こしてからも、三塁ランナーばかりを見とったと言うのや」

三塁ランナーの藤瀬がスタートを切るのを見て、水沼がパッと立ち上がった。江夏が投じたボールは水沼に向かって、ゆるゆると進む。三塁ランナーはホームに向かって突進する。石渡はバントの構えをとる。

しかし、石渡のバットに当たることなく、ボールは水沼のミットにおさまった。水沼はマスクを放り投げ、目の前に走り込んできた藤瀬にタッチした。

スクイズは失敗した。ツーアウトになった。ランナーは二、三塁。まだ近鉄のチャンスであることは間違いない。だが……。

そのイニング、21球目に投げた江夏のボールは石渡のひざ元に落ちた。空振り三振でゲームセット。江夏は両手を天に突き上げ、マウンドに近寄ってきた水沼に抱きついた。広島は球団創設以来、初めての日本一に輝いた。

西本は、広島との日本シリーズをこう振り返っている。

「出入りがあって、面白いシリーズだったと思う。稲尾和久のいた西鉄ライオンズが3連敗のあと4連勝したり、南海ホークスの杉浦忠が4連投して巨人に勝ったりという試合が語り草になっている。俺が言うのはおかしいけど、広島との日本シリーズはそういう試合だったと思う。それほど整っていない者同士がもがきあった日本シリーズだった」

死力を尽くして敗れた近鉄の選手たちは、ベンチ前で広島の監督・古葉竹識《たけし》の胴上げを眺めた。西本は口をへの字に結んでいたが、その瞳に力はなかった。

試合後の記者会見で西本は、「俺は7回負けたけど、選手は初めてや。あんまりいじめんといてな」と語った。

この試合を梨田はこう振り返る。

「あの試合、僕は途中で代打に出て引っ込みました。江夏さんの調子はよくなかったですね。

でも、ピンチになってアドレナリンが出たんじゃない？　コントロールもボールの質も、どんどんよくなっていった。9回に佐々木さんが出ていったけど、三振して、バッターは石渡さん」

梨田も栗橋同様に「あっ、スクイズ出たよ……」と思った。

「江夏さんは左ピッチャーだから、三塁ランナーの姿は見えない。だから、少し遅れ気味でも大丈夫だったはずなのに、藤瀬のスタートがよすぎたね」

負けに不思議の負けなし。

近鉄に勝利の女神は微笑まなかった。

1980年も連覇したが、また広島に……

17打数1安打に終わったトップバッターの平野、打率1割1分1厘だった栗橋、シーズン中は3割をマークしながら3打席しか立てなかった佐々木、ワンアウト満塁の場面でスクイズに失敗した石渡……。

1980年。日本シリーズで惜敗した近鉄の選手たちは、屈辱をバネに、悔しさをパワーに変えた。三番の佐々木は打率3割1分8厘、19本塁打、66打点。五番の栗橋は3割2分8

厘、28本塁打、84打点をマークした。

1980年の近鉄のチーム打率2割9分0厘はもちろん、12球団でトップ。猛牛打線が放った239本塁打は日本記録を更新した。投手陣は駒不足に悩まされたが、強力打線とリーグ最少の失策数を誇る守備力で勝利を積み上げていった。

プレイオフでは、前期優勝のロッテと後期を制した近鉄が戦い、3連勝でリーグ連覇を果たした。

近鉄が日本シリーズで対戦したのは、前年に苦杯をなめた広島だった。

敵地・広島で2連勝したあと、2連敗。第5戦で鈴木が完投勝ちをおさめて、王手をかけた。しかし、日本一まであと1勝に迫りながら、第6戦、第7戦を落として敗れた。

前年の日本シリーズで1安打しか打てなかった平野は打率3割4分6厘をマーク、7四球を選ぶなどトップバッターの重責を果たした。最後のバッターになった石渡はセカンドで全試合に出場し、打率2割9分6厘、二塁打3、3打点と実力を示した。

しかし、日本一には届かなかった。王手をかけながら、広島の選手たちの歓喜をまた眺めることになった。敗戦の瞬間、マウンドにはまた江夏が立っていた。

それから1年。1981年10月4日。日生球場で西本が胴上げされていた。ダブルヘッダーを戦った近鉄と阪急の選手たちが入り乱れて、61歳の監督を囲むように集まってきた。福本豊、山田久志、鈴木、栗橋、梨田、羽田……弟子たちの手で何度も何度も宙に舞った。

2万5000人の観客が見つめるなか、西本はグラウンド中央に立っていた。

「このように多くのお客さんに集まっていただき、これ以上の感激はございません。やりがいのある20年間でした。2度とユニフォームは着ません。本当にありがとうございました」

四方に頭を下げる西本に向かって、スタンドから「ありがとう」コールが巻き起こった。

近鉄はひとつの塊になって戦う球団

近鉄の監督時代、西本はこんなコメントを残している。

「なぜ選手にあれだけの練習をさせるのか。世の中には必ずしも日の当たる場所で働いている人ばかりではない。たとえ日の当たらないところでも、毎日コツコツと努力をしている人は多い。その方々のために、努力をしていれば、いつかはきっと日が当たるということを証明したい」

1979年、1980年の日本シリーズから20年以上経って、西本は私にこう言った。もう80歳を過ぎていた。

「みんないろいろ言ってくれるけど、俺は悲運でも何でもない。幸運だったと思うよ。自分の才能以上のことをやらせてもらって、リーグ優勝8回という形で終わることができた。競争意識、ライバル意識というものはチームの中に必ずあって、力のあるやつも、力のないやつはないやつでベストを尽くす。そうしたから、ひとつの塊になって戦えたんだよね」

西本が育てたチームには、コーチの仰木彬、キャッチャーの梨田がいた。西本の遺伝子を受け継ぎながら、近鉄は続いていく。

1979年11月4日、大阪球場。3対4で迎えた9回裏、一死満塁。バッター・石渡茂の2球目。江夏豊がカーブの握りのままウエストし、スクイズ失敗……。

6

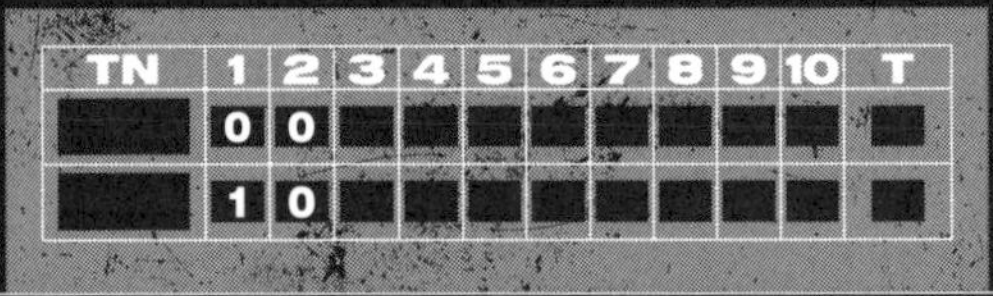

2回裏

「『お世話になりました。もう来ません』と心の中で言って藤井寺球場から出た」

栗橋茂（1974-89）の近鉄魂

Kuribashi Shigeru

くりはし・しげる／1951年生まれ、東京都出身。73年、ドラフト1位。74年、近鉄バファローズに入団。西本監督時代の76年にレギュラーに定着。79年、初の全試合出場を果たし、32本塁打で近鉄のリーグ初優勝に貢献。ベストナインにも選ばれる。翌80年の連覇にも貢献し、89年、引退。ベストナイン3回、最高出塁率1回など。

新幹線や飛行機など交通手段の発達により、東京から福岡や北海道まで日帰り出張をするビジネスマンも少なくないが、いまから40年以上前、日本はもっと広かった。

1970年代のプロ野球チームの多くは関西、名古屋、首都圏を本拠地とした。東京から最も離れていたのが西鉄ライオンズ（その後、太平洋クラブ、クラウンライターに）の福岡だった。関西にはパ・リーグの南海ホークス、阪急ブレーブス、近鉄バファローズ、セ・リーグの阪神タイガースの4球団があった。

1951年8月に東京都で生まれた栗橋茂は、帝京商工から駒澤大学に進んだ。プロ入りするまで東京を離れたことがなかった。

1955年奈良県生まれのお笑い芸人、明石家さんまが東京で大ブレイクしたのは、1980年代に入ってから。それまではテレビで関西弁を話すタレントは少なかったし、関西以外に住む人にとってなじみは薄かった。

西本幸雄の監督就任が発表されてすぐに行われた1973年ドラフト会議で近鉄から1位指名を受けた栗橋にとって、大阪は本当に遠かった。

栗橋が当時を振り返る。

「俺はずっと東京だから、大阪も、近鉄という球団もピンとこなかったね。それまで関西弁を聞くことがなかったし。明石家さんまなんかがテレビで関西弁を話すようになったのはずっとあとだからね。俺らの印象だと、関西弁は怖い人たちの世界の言葉だった」

ドラフト制度が始まったのが1965年。選手を獲る側の球団も、選手を送り出すアマチュア側も不慣れだったことは否めない。選手の入団拒否は多く、特に人気のないパ・リーグが敬遠される傾向があった。

「俺はドラフト1位だったけど、誰も『おめでとう』と言ってくれなかったからね。近鉄の指名を蹴って社会人野球のチームに入ろうかとも思ったんだけど、次に指名されるまで2年待たなきゃいけない。25歳になるときにまた指名がかかるかどうかわからないから、近鉄に入ることにしたんだよ」

近鉄のイメージは弱い、暗い

栗橋にとって大阪は未知の土地。初めて藤井寺を訪れたときの驚きをいまでも覚えている。

「当時はまだ高速道路がなかったから、新大阪からタクシーで堺あたりを通って来た。藤井寺に入るところに溜池があって、『なんでプロ野球の球場があるところに溜池があるんだ?』と思ったもんだよ。その当時は、東京もまだ田舎だったけど、なかなか溜池はないからね」

周辺住民の反対もあって、1984年までは藤井寺球場にナイター設備もなかった。

「球場や寮に近づいてくると、住民のナイター設備反対の声も聞こえてきて、『近鉄は地元の人にも嫌われてるのか。とんでもないところに入ったな』と思った。そこからのスタートだった」

当時、テレビで放映されるのは読売ジャイアンツの試合だけ。パ・リーグの試合が地上波に乗ることは少なかった。

「そもそも、中学一年生のときは剣道部だった。中学二年から野球をはじめたんだけど、ヤクルト配達のアルバイトを高校を卒業するまで5年間もやったよ、家が貧乏だったから。

プロ野球に関心がなかったし、球場にも行かなかった。野球に関しては巨人しか知らなかったね」

1973年、近鉄は42勝83敗5分、勝率3割3分6厘で最下位に沈んでいた。

「近鉄のイメージは、弱い、暗い。週刊ベースボールかなんかで、ベンチ前で円陣を組んでいる写真を見て、『俺、本当にこんなチームに行くのか』と思ったもんだよ。西本監督という人の存在も、よくわからなかった。なんか、怖い人らしいよ、というくらいで。阪急というチームも知らなかったもんね」

ドラフト1位入団の外野手はのちに〝和製ヘラクレス〟と呼ばれるほどのパワーが売りだったが、なかなかレギュラーの座をつかめなかった。

プロ1年目の1974年は55試合に出場し、打率1割7分8厘で本塁打は1。1975年は42試合出場で、打率1割6分4厘、本塁打1という成績に終わった。

「プロ野球の世界に慣れるまで時間がかかったね。3年目くらいまでは全然ダメだった。一軍に上がったり、二軍に落ちたり。あるとき、南海から移籍した島本講平が風疹にかかって、チャンスが回ってきた。ふたりで同じ部屋だったのに、俺は何ともない。親に感謝だね。

あいつが隔離されているうちに試合に出て、小倉で1本打った。それから使ってもらえるようになったんだよね。講平がいない間にレギュラーをつかんだんだけど、彼が風疹にかかんなかったら、どうなっていたかわからない」

1976年は101試合に出場して、打率2割5分1厘、6本塁打、24打点、11盗塁。1977年には113試合出場で、打率2割6分3厘、13

本塁打、39打点、11盗塁をマークしている。このころからクリーンアップを任されるようになった。

１９７８年は１２８試合に出て、打率２割９分２厘、20本塁打、72打点、13盗塁。１９７９年は１３０試合すべてに出場して、打率２割９分１厘、32本塁打、80打点、16盗塁という成績を残した。１９８０年に初めて打率を３割に乗せ（３割２分８厘）、28本塁打、84打点と主砲として十分すぎる数字を挙げた。最高出塁率のタイトルを獲得したのはこのシーズンだ。

「怖いもの知らずの時期だったね。技術的にもパワー的にも、負けないぞと思っていた。チームの中で先輩だったのは鈴木啓示さん、小川亨さんくらいで、あとは同じ世代だったかな。野球をやっていて楽しいと思ったことはあまりないんだけど、面白いころだった。

プロ野球選手は、いい数字を残せば、いろいろな付録がついてくる。お金もそうだし、ほかにもいろいろと（笑）。何に使ったかはよくわからない。家計簿つけてたわけじゃないからね。打てば打っただけ金は入ってくるけど、いつの間にかなくなったよ。遠征先で金がなくなったら、梨田によく借りたもんだ（笑）」

近鉄の選手たちに語り継がれる伝説

栗橋はいくつもの豪快な伝説を持つ男だ。近鉄の選手たちの間に代々受け継がれているエピソードがある。

これは、礒部公一が初めてのキャンプで同室になった先輩の村上隆行から聞かされた話だ。国道15号線（第一京浜）の中央分離帯で、栗橋が夜中に素振りをしていたという伝説——。

東京遠征のとき、近鉄の定宿は田町にあった都インだった。食事を終えた後輩がホテルに戻るタクシーから、国道15号線の中央分離帯で一心不乱にバットを振る男の姿を目撃したという。

それが栗橋だった。

「まあ、それは本当だね。田町から品川に向かって、バットを振った。理由？　特にないけど、品川のほうが、元気よさそうだったから。大石大二郎か村上に見られたらしい。いまだったら、大変だよね、危ないから」

その目撃談から、栗橋は飲みに出かけてもバットスイングは欠かさないという伝説が生まれた。

「いつもやっていたわけじゃないよ、その日はたまたま、そんな気分だっただけ。調子が悪かったからじゃないか。あそこ(中央分離帯)だったら、誰にも邪魔されないでスイングできると思っちゃったんだな。ほら、ホテルの入口だと人の出入りがあるから」

もうひとつが、あの西本監督に歯向かったという伝説——。

猛練習で阪急の選手たちを鍛え上げ、パ・リーグを5度制した西本は誰からも恐れられていた。選手から声をかけることなどできるはずがない。直立不動で指示を聞く姿があちこちで見られた。

「西本さんはたしかに怖かった。でも、怖さの種類が、ほかの人とはちょっと違うんだよね。選手ともめたあと、ずっとあとを引く人が多いんだけど、西本さんはそうじゃなかった。その瞬間はものすごく怖いけど、パッと終わるから助かった。昔は俺もヤバかったから（笑）」

近鉄の監督に就任して以降、若手の育成とチームの意識改革に臨んだ西本は、常に選手たちの一挙手一投足に目を光らせた。一瞬の気のゆるみ、油断がチームの形を崩してしまうからだ。全力を尽くして打ち取られたのなら仕方がない。しかし、選手が手を抜いたと思ったときには……手も出たし、厳しい言葉で選手を責めた。

普通の選手ならば、怒られればシュンとなる。しかし、数々の豪快な伝説を持つ栗橋は、断固として立ち向かった。それが、監督の西本であっても。

栗橋は言う。

「日生球場でのロッテ戦。俺はツーベースを打って二塁にいた。次のバッターがセンターへの打球を打ったんだけど、落ちるかどうか微妙な当たりで、弘田澄男さんが捕れそうな仕草をした。俺は二塁ベース寄りのハーフウェイで打球を見ていたからスタートが遅れたんだよ」

弘田は捕球できず、ヒットになった。バッターランナーが二塁に走るのを見ていた西本は、二塁ランナーは当然、ホームを踏んでいるものだと思っていた。だが、栗橋は三塁止まり。あとの打者によって無事にホームインしたのだが、そのときに西本の怒りが炸裂した。

「西本さんが『おまえ、手を抜いただろ』と、ベンチの前で言うわけだ。俺は『手抜きしてないです』と言い返す。『手を抜いただろ!』『してないです!』。そんな言い合いがしばらく続いたんだよ。打球の判断が悪かったと責められれば、『すみません』となったかもしれないけど、俺は手を抜いたわけではなかったから、謝ることはできない」

ベンチが騒然となっても、ふたりの言い合いは終わらない。執拗に「手を抜いただろ!」と言う西本に栗橋がキレた。

「俺ね、思わず言っちゃったんだよ。『手抜いてねえって言ってんだろ。コノヤロー』って。コーチや先輩に止められて、その場はなんとかおさまったんだけど、大変な騒ぎになった。相手のベンチも『何やってんだ？』という感じで見てたね。西本さんは俺の性格を知っていたのに、そう言うからカッとなった。うまいやつは手抜きするけど、俺にはそれができない」

この監督に一生ついていこう

西本も熱かったが、栗橋も若かった。

「さすがの俺も、試合後に落ち込んで……。監督批判というか、反抗というか、大変なことをしたわけだ。しばらくベンチにいて、ひとりで監督室に謝りに行った。そうしたら、西本さんが奥のほうから手を振ってくれて、それで終わったんだよ」

いまの感覚ならば、重大な規律違反だ。監督への反抗的な態度は重罪に当たる。謹慎処分なり、罰金が科せられてもおかしくはない。

「翌日、日生球場の通路で西本さんと会ったんだよ。『こんなところで会うか』と思ったけど、狭いから逃げようがない。『おはようございます』と言ったら、あの人は何も言わずに、俺の尻をポンと叩いた。言葉は何もなかったけど、俺はあのとき、この監督に一生ついていこうと思ったよ」

このとき、西本はどう思ったのか。「俺に歯向かった男」のエピソードとして、私にこう語った。

「監督として、許せることと許せないことがある。手を抜く、怠ける、そういうことや。選手はみんな、監督のことを見ているんやね。『あのことを監督が言わなかった』となったら困る。ひとつのことを容認してしまったら、ほかの選手も同じことをやりはじめるよ。

栗橋はドラフト1位で入団したときからいいバッターだったし、絶対に主砲として伸ばさなきゃいけない選手だったんだよ。あのとき、栗橋に『手を抜きやがったな』と言ったら、『抜いてません』と言い返してきた。それでも何回も問い詰めたら、怒鳴り返してきた。あんなふうに言い返してきたのはあいつぐらいのもんだった」

ベンチの中の西本は、絶対に逆らうことができない存在だった。誰からも恐れられる監督に叱責されても、堂々と言い返した栗橋の態度の裏には、並々ならぬプライドがあった。絶対に手抜きなどしないという思いがあった。

「そんなことを言い合うぐらい、お互いが懸命にやっとった。監督も選手も、ひとつのプレイに一生懸命になっとったんやな。監督と選手、選手同士が衝突することが悪いものとして残ることもあるよな、発展途上の集団の場合は特に。でも、トラブルとは言わんけど、カッとなってやり合うことはあってもいいんだと俺はそう思ってる」

監督が選手を理解し、選手が監督を信じる。強固な絆がそこにはあった。

近鉄のブレーキになった「逆シリーズ男」

栗橋が初めて日本シリーズに出場したとき、バッターとして油が乗り切っていた。しかし、1979年も1980年も、彼のバットから快音は生まれなかった。日本シリーズで大不振におちいり、流れを止める「逆シリーズ男」のはしりだった。

栗橋が振り返る。

「2年続けて、打率は1割台。足を引っ張っちゃったよね。日本シリーズはお祭りだとも言われるけど、せっかくシーズンで頑張って優勝しても、いい印象がない。

日本シリーズは相手が徹底してマークしてくるから、ドツボにハマったら抜け出せなくなる。ヒットを欲しがって、打てないボールに手を出して、ますますバッティングが狂う。俺は、日本シリーズでハマりそうなやつを見つけるの、うまいよ」

1980年には、第6戦でスターティングメンバーから外されてしまった。

「そのときは落ち込んで、落ち込んで……。フリーバッティングのときにベンチに座ってたら、うしろから肩を揉む人がいる。誰だ？　と思って振り返ったら、西本さんだった。『もう解説者の言うことも、誰の言うことも聞くな。悪くてもいいから、自分の形でいけ』と言われました」

その日、代打出場した栗橋はホームランを放った。

「近鉄の選手はみんな、西本さんを男にしよう、優勝させようと思っていた。俺自身は、プロだから自分のために数字を残さないとと考えていたけど、どうしても妥協するんだよ。でも、『人のために』と思えば、力が出る。俺には、『西本さんのために』という思いが強かった」

リーグ3連覇を狙った1981年、近鉄は最下位に沈み、西本はユニフォームを脱いだ。栗橋は30歳になっていた。

「西本さんが近鉄の監督をやめるとき、俺はこれでやっと大人になれると思ったね。それまではずっと、見られてるみたいで、肩が凝ってしょうがなかったから。だけど、最後まで大人になれなかったね」

栗橋はその後もコンスタントに好成績を残したが、緩やかに下降線をたどった。

「西本さんは厳しいんだけど、優しさのほうが似合う人だったね。ユニフォームを着てるときは本当に怖くて、近くにも寄れない。私服に着替えたら、優しいおじいちゃん。そういえば、東京の都インに『西本さんの愛人にしてください』という女性が来たことがあって、それをバスの中で話題にしたら、顔を真っ赤にしてたね（笑）」

藤井寺に根を下ろした最後の近鉄戦士

栗橋は1989年限りで現役を引退。近鉄ひと筋、15年。ベストナイン3回。通算成績は1550試合出場、1301安打、215本塁打、701打点、打率は2割7分8厘。通算安打数も、本塁打数も、近鉄の歴代6位という成績を残している。現役時代に藤井寺ではじめたスナック『しゃむすん』をいまも続けている。

「大学を出てから近鉄に入って、寮に4年住みました。そのあともずっと、藤井寺だね。店をはじめたのは冷やかしみたいなもので『3年くらいやってみるか』と思ったんだよね。それがいまも続いているわけ。もう30年になるかな（笑）」

22歳から住みはじめた藤井寺にはもう、藤井寺球場も近鉄の本拠地だったことを思い出させるものもない。

「別に藤井寺が好きなわけじゃないんだよ。ほかに行くところがないからここにいるの（笑）。このあたりは河内弁が強くて、東京の人間にはキツく感じる。選手と地元の人の距離も、近すぎるくらいに近い。なれなれしいんだよ、みんな。町を歩いていると、『もっと練習せいよ〜』と声かけられる。知り合いかなと思ったら、全然知らない人。居心地がいいか？　って。そんなこと全然ないって（笑）」

栗橋が長く藤井寺に住んでも、言葉は少しも変わらない。

「東京から来る人が驚くよ、『東京弁のままだね』と。ちょっとアクセントがおかしいところがあるみたいで、指摘されたときはさびしかった。自分では変わったと思ってないから。でも、気づかないうちに、藤井寺に浸かっちゃったんだろうね」

藤井寺に住みはじめて46年。いまもここに根を下ろす近鉄戦士は栗橋だけだ。商店街の中にある『しゃむすん』には、近鉄ファンが訪れることもある。店の奥には、自身のスパイクやヘルメットなど懐かしいグッズが展示されている。

奥まったところには、藤井寺球場のスコアボードに掲げられていたネームプレートが立てかけられている。礒部、水口、的山……藤井寺球場が閉鎖されるとき、重い鉄のプレートを栗橋ひとりで担いで、持ち出したらしい。これも、あまり知る人のない伝説だ。

それらが静かに、店主の「近鉄愛」を語っているように思えるのだが……。

「近鉄への愛情？　ないよ、ない。長いこといただけだよ。自分がいた球団がなくなると言われたときには信じられなかった。『そんなもんか、しょうもねえ』と思った」

２００４年に近鉄バファローズはなくなり、藤井寺球場は２００５年１月31日の午後５時に閉められた。

「午後５時に、俺は『もう２度とここには来ないぞ』

と決めて、藤井寺球場から出た。

心の中で『お世話になりました。もう来ません』と言ったんだよ。自宅から歩いてすぐの距離だけど」

2019年限りで活動を終えた近鉄のOB会に、栗橋も顔を出した。

「そんなもん、勝手になくなりゃいいじゃねえかと思ったけど、最後だから行ってきたよ。直前まで行く気なかったけど。行ってよかったとは思うけど、特別な感情はなかったな。

近鉄という球団には歴史もあるけど、俺は西本さんのころの選手。前のことも、そのあとのことも、俺があれこれ言うことじゃない。日本シリーズで広島に負けたのも、仰木彬さんのときに3連勝して4連敗したのも、『近鉄だから』じゃないの？　仰木さんはオリックスの監督として日本一になったし、ピッチングコーチだった権藤博さんも横浜の監督になって簡単に日本シリーズで勝ったよね」

近鉄が広島に敗れた日本シリーズから、40年が経った。

「振り返ってみたら、勝てなかったことが西本さんらしくてよかったのかもしれない。最後に勝ってハッピーエンドだったら、いま、こうして話題になることはなかったんじゃないかな。日本シリーズの時期になると、あの試合の映像が出てくる。江夏豊さんはいい思いをしているよね（笑）」

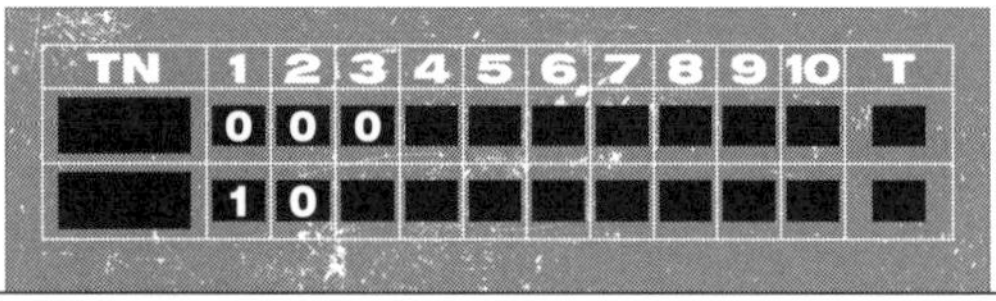

仰木彬と「10・19決戦」

3回表

1982年-1989年の
近鉄バファローズ

KINTETSU BUFFALOES
CHRONICLE 1982-1989

近鉄バファローズという球団の歴史を振り返ると、1982年が大きな転換点ではないかと思う。あくまで部外者が勝手に考える「もし」ではあるが、もし西本幸雄が退任した直後に仰木彬が監督に就任していたら、近鉄は常勝軍団になっていたかもしれない。

エースの鈴木啓示は34歳になっていたが、1982年から1984年までふたケタ勝利を挙げた。1982年は鈴木のほかに、久保康生（12勝）、井本隆（11勝）、谷宏明（11勝）の4人が10勝以上をマークした。

野手陣は、1980年ドラフト2位の大石大二郎がセカンドのポジションをつかみ、打率2割7分4厘、12本塁打、47盗塁で新人王に選ばれた。四番に座った栗橋茂は打率3割1分1厘、22本塁打、79打点、五番打者の羽田耕一は打率2割7分7厘、22本塁打、85打点。外国人選手の働きは物足りなかったが、優勝を狙えるだけの戦力は整っていた。

1982年に監督に就任した関口清治は西鉄ライオンズで活躍した名選手で、1974年からずっと、打撃コーチとして西本を支えてきた。温厚な性格で知られ、近鉄の監督をつとめた2年間で一度も怒らなかったと言われている。監督に就任したとき、56歳だった。

監督1年目のシーズン、前期は3位、後期は2位に入った。前年が最下位だったことを考えれば、上出来だったと言えるだろう。1シーズン制に戻った1983年は52勝65敗13分、勝率4割4分4厘で4位に終わった。このシーズン限りで指揮権を岡本伊三美に譲っている。

仰木彬が監督就任するまで優勝から遠ざかった

1950年代、パ・リーグで抜群の強さを見せた南海で、〝100万ドルの内野〟の一員だった岡本は、積極的に若手を登用した。1983年ドラフト1位の小野和義、2位の吉井理人、1984年ドラフト3位の山崎慎太郎など高卒のピッチャーにチャンスを与えた。

就任1年目は4位に終わったものの、1985年は63勝60敗7分で3位に浮上。1986年は、最強を誇る西武ライオンズと熾烈な首位争いを展開し、127試合目にマジックを3まで減らした。しかし、そこから阪急ブレーブスに3連敗し、2位に終わった。

1986年秋のドラフト会議で近鉄は亜細亜大学のサウスポー・阿波野秀幸を1位で指名した。1987年はこのルーキーが15勝を挙げて新人王、新井宏昌が首位打者を獲得したものの、チームは52勝しかできず、最下位になった。

長くエースの座に君臨していた鈴木は1985年シーズン途中でユニフォームを脱いでいた。キャッチャーの有田修三はトレードで去り、梨田昌孝、羽田、栗橋といった西本の教え子たちにも衰えが見えはじめていた。

1988年、監督に就任したのが、仰木だった。1935年生まれの仰木は、東筑高校卒業後に西鉄ライオンズに入団、三原脩監督にセカンドにコンバートされた。プロ1年目にレギュラーポジションを獲得したが、スター揃いのチームの中では目立つ存在ではなかった。西鉄で14年間プレイし、通算安打は800本。守備と小技に定評のある脇役だった。

現役引退後の1968年、西鉄のコーチとして指導者人生をスタートさせた。1970年に恩師である三原が監督をつとめていた関係で、近鉄の守備走塁コーチになった。西本監督時代は三塁のベースコーチを任された。

1984年、岡本監督就任時にヘッドコーチ昇格。コーチとしてさまざまな修羅場をくぐった仰木は、1988年に53歳で監督に就任した。

もし1982年に、47歳の仰木が監督になっていたら、近鉄はどうなっていただろうか?西本の遺産を引き継ぎ、成長途中の選手たちの能力を伸ばしたのではないかと思う。西本のもとでコーチとして学び、阪急の後任監督に就任した上田利治が、リーグ4連覇、3年連続日本一に輝いたように。

監督就任後の仰木の勝負師としての采配の冴え、超一流選手の育て方を見たあとだから、そう思ってしまうのか。

ベテランと監督との難しい関係

しかし、のちに近鉄のエースとなる野茂英雄や日米通算で4000本安打を放つイチロー（オリックス・ブルーウェーブ、シアトル・マリナーズなど）を育てた仰木であっても、鈴木をはじめとする近鉄のベテランの扱いに苦慮した可能性は高い。

1989年まで現役を続け、38歳で近鉄のユニフォームを脱いだ栗橋は言う。

「仰木さんにはずっとかわいがってもらってたから、兄貴みたいに思っていたんだよ。だけど、こっちが年をとってくると扱いは違ってくる。ある日、練習中にクッションボールの処理に失敗したら『この年寄り、しっかりやれ～』みたいなこと言うんで、頭にきて言い返したことがあった」

好成績を残しているうちはベテランに対してものを言う者はいない。だが、衰えが見えはじめると、まわりの対応は変わる。勝負の世界では仕方がないことだろう。

「そのあとも、仰木さんには冷たくされたよね。ちょっと揉めたあとが長い、後を引くから。仰木さんは新しもの好きで、若い選手が出てきたらすぐに使う。それまで阿波野、阿波野って言っていたのに、野茂が入ってきたら、野茂、野茂だもん」

頻繁にスターティングメンバーも打順も入れ替えた。実績のあるベテランにとって、若い選手と同じ扱いをされるのは面白くない。

「次から次に新しいものをつくり出すんだけど、目移りするのが早い分、『冷たいなあ』と感じることが増えたよね。でも、勝負師ってそういうもんだよ。プロ野球で何回も勝つ人は特にね。そうじゃないと、チームは強くならない」

1985年は128試合に出場して打率2割6分7厘、18本塁打、56打点、1986年に106試合出場で、打率2割7分0厘、16本塁打、56打点という成績を残した栗橋だが、1987年からはスターティングメンバーから外れることが多くなった。

栗橋が続ける。

「ベテランは年をとればとるほど、チームの中で浮いてくるからね。外からもわかるみたいで、西武の森祇晶《まさあき》監督に『うちはベテランを大事にするよ』と言われたことがある」

実際に、仰木からトレードの打診を受けたことがあったと栗橋は言う。

「引退する2年ほど前、試合前の練習中に、『クリ、阪神から話が来てるけど、どうする?』と聞かれた。『仰木さん、俺を出すの? じゃあ、やめる』と答えたら『わかった』とだけ言ったよね」

ベテランへの心遣いだったのだろうか。トレード話は進展しなかった。

「でも、あのとき、出してくれたほうがよかったかな。ベテランを腐らせるのは簡単だよ。試合で使わなきゃ、いずれダメになる」

栗橋はその後も現役を続け、1989年のリーグ優勝を見届けてからユニフォームを脱いだ。たしかに時間はかかった。岡本監督時代に入団した若い力が育ちはじめた時期に仰木が監督に就任したことが結果的には〝吉〟と出た。おかげで、ベテランとの軋轢はあまり生じなかった。

1988年、仰木新監督に率いられ、近鉄は歴史に名を刻む戦いを繰り広げることになる。

仰木を父のように慕う金村義明は言う。

「それまでの近鉄は西本さんのチーム。1988年から仰木さんのチームになった。ずっとくすぶっていた僕にチャンスをくれたのが仰木さんやったからね。気合い入りましたよ。『この監督を男にせんと』と」

ブライアントの加入で流れが変わった

1980年代のパ・リーグ王者は西武ライオンズだった。1982年に広岡達朗監督の指揮のもと、所沢移転後初優勝を飾った。監督が森に代わってから、さらに強さを増していった。1988年に仰木が挑んだ王者はリーグ4連覇、3年連続の日本一を狙っていた。

前年、2位に9ゲーム差をつけてパ・リーグを制し、日本シリーズで読売ジャイアンツを下して、西武は黄金時代を迎えていた。ベテランの東尾修と工藤公康が15勝、郭泰源《かくたいげん》も13勝を挙げた。150キロの快速球が武器の渡辺久信、経験豊富な松沼兄弟など、質量ともに充実していた。

野手陣も負けてはいない。チームリーダーの石毛宏典、中軸には秋山幸二、清原和博が座り、キャッチャーには伊東勤がいた。

リーグ4連覇阻止を狙う近鉄はどうだったのか。前年に鮮烈なデビューを飾った阿波野、11勝をマークした小野がいたものの、西武と比べれば見劣りする布陣だった。野手には、首位打者の新井、四番のベンジャミン・オグリビーがいたが、迫力不足は否めない。

6月末時点で、首位・西武と2位・近鉄のゲーム差は8もあった。しかし、ひとりの外国人選手の加入によって、優勝争いの流れが変わった。

近鉄打線に火をつけたのは、シーズン途中の6月に中日ドラゴンズから移籍したラルフ・ブライアントだった。74試合で34本塁打と大爆発した左の大砲に乗せられ、西武を猛追する。

金村が言う。

「もともと中日にいた権藤博投手コーチの関係で、ブライアントが近鉄に移籍することになった。中西太さんが欠点を直したら、すぐにすごい打球が飛んでいくようになりましたよ」

プレイボール直後に「阪急、身売り！」のニュース

9月15日にはまだ西武と6ゲーム差があったが、近鉄はそこから8連勝し、王者の背中が見えるところまで攻め込んだ。ゲーム差は1・5。逆マジック14が近鉄に点灯した。

1980年の優勝を経験した梨田、羽田、栗橋の3人はベンチを温めることが多かった。ほぼ同じメンバーで3年連続日本一を狙う西武と、勢いに乗って逆転を目指す近鉄という図式だった。

10月16日に全日程を終えた西武の成績は、73勝51敗6分、勝率5割8分9厘。追いかける近鉄は、10月17日に西宮球場で阪急の星野伸之の緩急自在のピッチングに翻弄され、敗れた。残り3試合を全勝しなければならない。負けはもちろん、引き分けでも西武の優勝となる。

10月18日、川崎球場で行われたロッテ戦は12対2で快勝。「父、危篤」の連絡を受けたブライアントは、帰国を拒否して、2本のホームランを放った。

泣いても笑っても、あと2試合だけだ。

そうして迎えたのが、「10・19決戦」だった。

ミーティングで仰木は選手たちにこう言った。

「よう晴れとる。みんな、この天気のような試合をしよう」

ロッテの本拠地である川崎球場でのダブルヘッダーの第1試合は午後3時プレイボール。

その直後、記者席に衝撃的なニュースが届いた。

「阪急ブレーブスが身売り！　大阪で正式発表」

歴史的な1日が始まった。

第1試合は10勝投手の小野がマウンドに上がった。プロ5年目だが、近鉄投手陣では最高年俸を稼いでいた。初回に2点を失ったものの、7回まで粘り強いピッチングを続けた。2点を追う近鉄は8回表に鈴木貴久のヒットと四球、代打・村上隆行のツーベースで同点に追いついた。

9回表の近鉄の攻撃。ツーアウト二塁のチャンスで打席に立ったのは代打の梨田。ロッテの抑えの切り札・牛島和彦のストレートを35歳のベテランがセンターに打ち返して決勝点を挙げた。

9回裏、14勝を挙げていた阿波野が得点を許さず、ゲームを締めた。第1試合が終了したのは午後6時21分。第2試合は23分後の午後6時44分にプレイボールになった。

4対4で延長へ、時間制限の壁が……

負けも引き分けも許されないというのは、第1戦と変わらない。近鉄が優勝を手繰り寄せるためには、勝つしかなかった。先発投手は1987年ドラフト1位の高柳出己《いずみ》。ここまで6勝を積み上げた社会人出のルーキーだった。

2回に1点を取ったロッテはその後追加点を奪えず、近鉄打線も沈黙したまま。第1試合と同じようにじりじりとした展開が続く。

6回表にオグリビーのタイムリーで同点に追いつき、7回表に骨折の金村に代わってサードを守る吹石徳一がセンターへ、守備の人の印象が強い九番ショートの真喜志康永がライトにホームランを放った。7回表が終わって、3対1で近鉄がリード。あと9つのアウトを取れば勝てる。

しかし、ロッテにも意地があった。本拠地・川崎球場には超満員のファンが詰めかけている。プロとして無様な戦いはできない。

高柳が岡部明一《あきひと》にホームランを打たれ1点差。救援に立った吉井も西村徳文に同点タイムリーヒットを許した。3対3、また振り出しに戻った。

8回表、近鉄の救世主、ブライアントがチームに勢いをつける一発をライトスタンドに放って、1点差。その裏、エースの阿波野がまたマウンドに上がる。

ワンアウトを取ったあと、打席に立ったのはロッテの四番・高沢秀昭。阪急の松永浩美と熾烈な首位打者争いを展開していた好打者が阿波野の投じた6球目を振り抜くと、レフトスタンドに入るホームランになった。

再び、同点。勝負はわからなくなった。

この当時、パ・リーグには試合時間が4時間を超えたら新しいイニングに入らないという規定があった。時計の針は午後10時を超えた。時間切れが迫っていた。

9回表の近鉄は0点。その裏を早く抑えて、10回の攻撃に入りたい。だが、阿波野はノーアウト一、二塁のピンチを招く。セカンドへの牽制球がそれて、捕球した大石が二塁ランナーを押す形になった。

二塁塁審の判定はアウト。しかし、ロッテベンチから監督の有藤道世が飛び出してきた。走塁妨害を主張する有藤の抗議は9分間も続いた。近鉄ベンチからヤジが飛んでも、有藤は引き下がらない。

阿波野が後続を断ち、4対4のまま延長戦に突入した。

もう残り時間は少ない。

10回表、近鉄の攻撃。ワンアウト一塁から代打に起用された羽田が、セカンドゴロでダブルプレイ。この時点でもう3分しか時間は残されていなかった。3分で相手の攻撃を抑えれば11回の攻撃に入ることができる。しかし、ロッテの攻撃中に時計は進み、同点のまま22時44分を過ぎ、タイムアップになった。

その瞬間、西武の4年連続のリーグ優勝が決まった。

空しい、切ない、悲しい……最後の守り

最後まであきらめず戦う近鉄の選手たちをテレビカメラが追っていた。『ニュースステーション』（テレビ朝日系列）が番組内容を大幅に変更して、試合を生中継したのだ。勝利の可能性がなくなった10回裏の近鉄の守り、キャッチャーの梨田、ファーストの羽田の姿が映った。

この夜のテレビ朝日（関東地区）の視聴率は平均30・9％、ABC（関西地区）は46・4

%だったという。

最後にマスクをかぶった梨田は言う。

「空しい、切ない、悲しい……なんとも言えない、最後の守りだった。でも、昭和の最後のこの年、10・19決戦を『ニュースステーション』で生放送してもらったのが大きかった。あのテレビ中継が、そのあとのパ・リーグ人気につながったと思う」

1988年の近鉄の成績は、74勝52敗4分、勝率5割8分7厘。王者・西武にわずか2厘及ばず、2位に終わった。

西武は日本シリーズで中日ドラゴンズを4勝1敗で下し、3年連続8回目の日本一に輝いた。

金村があの日を振り返る。

「1週間くらい前に骨折して、ギプスはめてました。選手登録を抹消されてるから試合には出られない。それでも、仰木さんに『来い!』と言われて川崎球場に行きました。僕の代わりにサードに入る吹石さんから電話をもらって『おまえの代わりを俺がしてやる』と言ってくれました。その吹石さんのホームランを見たときには、涙が出ましたよ」

金村は前夜、祝勝会の会場を探すために、盛り場を歩き回った。

「銀座で2軒、六本木で1軒、西麻布で1軒回りましたよ。本当はダメなんだけど、仰木さんが呼んでくれたので『10・19』はベンチで見ていたけど、あんなに感動した試合はなかったね。中西太さんと鈴木貴久が抱き合ったシーンとか、特にね。試合後、朝の7時か8時まで、みんなで泣きながら飲みました」

仰木は生前、金村に「俺は泣いたことはない」と言っていたが、金村はたしかに見た。

「試合が終わってすぐ、トイレに行ったら、仰木さんが顔を洗ってて……僕には泣いていたように見えました。『おまえ、見たな。誰にも、いらんこと言うなよ』という目で僕を見ましたからね」

その仰木に金村は直接、問いただしたことがある。

「オリックスの監督時代、仰木さんに『あのとき、泣いてましたやんか？』って。でも、『泣いてない』と言う。高校の先輩でもある高倉健さんを目指してる人やったから、絶対に認めへんかったね」

10・19の悔しさが1989年につながった

「10・19決戦」には続きがある。

新しいシーズンに臨んだ近鉄の選手たちは悔しさをバネに、屈辱を力に変えた。1979年に「江夏の21球」で敗れた先輩たちのように。

1年後に近鉄がリベンジを果たしたことで、より一層あの日の戦いが野球ファンの心に刻まれることになった。

前年、シーズン途中に加わって起爆剤となったブライアントは、1989年も打ちまくった。129試合に出場して、打率2割8分3厘、49本塁打、121打点という成績を残し、本塁打王を獲得した。ロッテ戦でリリーフに立ち苦杯をなめた阿波野は19勝を挙げて最多勝投手になった。

ペナントレースは、4年連続日本一を狙う西武が有利と見られていた。しかし、4月終了時点で首位に立っていたのは、球団名もユニフォームも変えてスタートを切ったオリックス・ブレーブス。6月終了時点では2位・近鉄に8・5ゲーム差をつけていた。その後、近鉄と西武が巻き返し、10月には三つ巴の争いになった。

事実上の決勝戦となったのが、10月12日、西武球場で行われた西武対近鉄のダブルヘッダーだった。この時点で1位・西武、2位・近鉄、3位・オリックス。3チームが1ゲーム差にひしめく大混戦。この日のダブルヘッダーに臨むにあたって、近鉄の優勝の条件は連勝。対戦相手が王者・西武であることを考えれば、前年以上に厳しいハードルだった。

第1戦の近鉄の先発投手・高柳が2回途中で4点を奪われ、ノックアウトされた。落胆する近鉄の選手たちの目を覚まさせたのがブライアントの一発だった。郭から打ったホームランはライト上段にライナーで突き刺さった。しかし、王者はソツがない。5回裏に1点追加して1対5。主導権はしっかり握ったままだ。

ところが、6回表に試合が動いた。ノーアウト満塁の場面で打席に向かった四番のブライアントが、郭の投じたボールをまたライトスタンドに運んだ。

5対5の同点。劣勢を跳ね返した近鉄ベンチはお祭り騒ぎになった。

8回表の近鉄の攻撃。西武の森監督はマウンドに渡辺久信を送った。ブライアントとの対戦成績は14打数4安打、8三振。1本もホームランを許していなかった。

渡辺が投じた外角高めのストレート——ブライアントが力の限りバットを振り抜くと、打球はライトスタンドに飛んでいった。渡辺は打球の方向を見て、マウンドでへたり込んだ。

2年越しで王者に挑んだ挑戦者のノックアウトパンチだった。

仲間から吸収したファイティングスピリット

ブライアントは、全盛期を迎えていた西武投手陣を倒すことに燃えていた。

「郭泰源というすごいピッチャーを打つことが、私のモチベーションだった。彼はその時代を代表するエースだったからね。郭を打てば、チームが優勝に近づくと思っていた。郭だけでなく、渡辺久信も工藤公康もメジャーリーグで通用するピッチャーだったと思う。ストレートが速かったし、コントロールもよかった」

スキのない野球が身上の西武と対照的に、破天荒な近鉄の野球だが、常識的な戦い方では、敵の堅い守りを突破できない。

「西武が近鉄とは違ったチームカラーを持っていることはわかっていた。ブルーとホワイトのユニフォームを見るたびに、やっぱりチャンピオンチームだなと思ったもんだよ。だから、絶対に倒したかった。

西武は非常に統率が取れたチームで、近鉄にはファイトのある選手が揃っていた。特に、村上さんの印象が強い。いつも元気で、明るくて前向きだったよ」

近鉄のユニフォームを着て西武と戦うことで、ブライアントにも変化があった。

「近鉄の選手たちからファイティングスピリットを吸収していった。西武に勝つためにはそれが必要だったから」

1989年10月12日。西武とのダブルヘッダーで、ブライアントは勝つことだけに集中していた。ブライアントこそが、近鉄が誇る最終兵器だった。

「あのときに考えていたのは『勝たなきゃいけない』ということだけ。負けたらすべてがムダになると思っていた。優勝をかけて西武と対戦するというチャンスはめったにないから、絶対にモノにしないと、と。もちろん、その先もあったけど、西武に勝たないことには前に進めなかったからね」

近鉄の運命を変えたホームラン

2打席連続ホームランを打って郭をマウンドから引きずり下ろしたブライアントは、リリーフの渡辺と絶対王者の西武を粉砕する一発をライトスタンドに放った。

「あのシーンは絶対に忘れられないよ。ずっと抑えられていた渡辺から、ホームランを打てたんだから。とにかくうれしかった。彼がマウンドで膝をついた瞬間、『最高だな!』と思ったね。世界で一番の瞬間だ、とね。野球人生で、いや人生で忘れられないシーンだよ。彼の表情もよく覚えている。悔しかっただろうね」

あのホームランで、近鉄というチームの運命が変わった。

「フォークボールに注意はしていたけど、何を打とうとは考えなかった。狙い球があったわけじゃない。渡辺が投げたボールを打って、ホームランになった。あのスイングは、一生に一度しかできないスイングだったかもしれない」

ブライアントのホームランが第1試合の勝利を呼び、連勝につながった。西武の息の根を止める一発だった。

「チームの勝利のためにという思いが実ったホームランだったよね。近鉄は僕を呼んでくれたチーム。近鉄の勝利のために僕はバットを振って、それがホームランになった。その瞬間のチームメイト、ファンの喜びようはすごかった」

強い西武を破った最大の功労者は、間違いなくブライアントだった。

「前の年、10・19で勝てなくて、悔しい思いをした。その悔しさがあったから、1989年は頑張ることができた。最後にダイエーに勝って、藤井寺のファンの前で優勝を決めることができて最高の気分だった」

6対5で逆転勝ちした近鉄の勢いを、西武の投手陣は止めることはできなかった。インターバルを置いて行われた第2試合は、初回に近鉄が2点を先取。3回にブライアントの4打数連続ホームランで追加点を挙げた。4、5回に3点ずつ加点して勝利を確実なものにした。

前年、土壇場まで西武を追い詰めた近鉄は、リベンジを果たした。10・19決戦直前に骨折のために戦列を離れた金村はあの2年についてこう言う。

「ロッテに勝てなかったあの日ほど、野球で泣いた記憶はありません。優勝しなかった悔しさも、あんなに感動的な試合に出られなかった悔しさもあった。それが僕の『10・19』の記憶です。でも、翌年優勝できたことで、2年ごしで『10・19』が完結したと思っています」

10月14日。近鉄は地元の藤井寺で福岡ダイエーホークスを5対2で下し、球団史上3回目のリーグ優勝を決め、仰木が宙に舞った。

西条農業の野球部員だった礒部公一は、「10・19」など当時の近鉄の試合を覚えていない。テレビで野球中継を観る時間などなかったからだ。その努力が、1991年夏の甲子園出場につながる。

1988年10月19日、川崎球場。球史に残る「10.19」決戦。10回表、羽田耕一の併殺打で事実上、優勝が消えた瞬間の近鉄ベンチ。仰木彬監督（左）の背中は何を語っているのか。

「球団に思い入れはないけど、
マニアックで熱心に
応援してくれたファンはよかった」

3回裏

金村義明
(1982-94)
の近鉄魂

Kanemura Yoshiaki

かねむら・よしあき／1963年生まれ、兵庫県出身。報徳学園高校の4番エースとして甲子園優勝を果たし、81年、ドラフト1位、82年、入団。86年、サードのレギュラーに定着すると全試合に出場。23本塁打を記録するなど中軸バッターに。球団史上初のFAで95年、中日に、97年、西武に移籍。99年、引退。現在は野球評論家として多方面で活躍している。

1981年夏の甲子園。マスコミとファンの注目を集めたのは早稲田実業の荒木大輔だった。背番号11をつけた一年生は、1年前の決勝戦で愛甲猛率いる横浜と対戦するまで無失点の好投を続け、一躍「甲子園のアイドル」になった。

一学年下のクールな荒木に対して、並々ならぬジェラシーを抱いていたのが報徳学園のエースで四番の金村義明だった。

2回戦で前年の優勝校である横浜を下した報徳学園は、3回戦で早実に1対4から逆転勝ち。準々決勝で強豪の今治西を撃破、準決勝で名古屋電気（現・愛工大名電）の工藤公康を打ち崩して決勝進出を決めた。決勝で京都商業に完封勝ちした金村は、その年の一番のヒーローだった。

兵庫大会、甲子園の全試合全イニングをひとりで投げ抜いた金村だが、プロ野球ではバットで勝負すると決めていた。宝塚で生まれた彼の意中の球団は阪急ブレーブスだった。ドラフト会議前から金村は阪急への入団を強く希望していたし、球団も獲得の意思を明らかにしていた。そこに割って入ってきたのが、近鉄バファローズだった。

1981年ドラフト会議、金村は阪急と近鉄から1位指名を受け、抽選の末に、近鉄が交渉権を獲得することになった。

関西出身の甲子園のヒーローが入団することは、球団にとって明るい話題だが、歓迎する者ばかりではなかった。何より、先輩が冷たかった。入団早々、厳しい洗礼を受けることになった。

金村が当時を振り返って言う。

「僕は子どものころから阪急ファンで、小学校のときから福本豊さんや長池徳士さんにかわいがってもらいました。勝手に阪急に入ると決めていて、それは甲子園が終わってからも変わりませんでした。でも、甲子園のヒーローになったことで、まわりが変わってしまった」

夏が終わってから、近鉄のオーナー命令が出て、金村を入団させる動きがはじまった。

「近鉄に指名されて、いろいろな話をしてもらいました。『契約金で母ちゃんに家を建ててやりたい』と言うと『お安い御用や』という返事がもどってきた。でも、実際は口だけ。入団を決めたあとは『釣った魚に餌はやらんのじゃ』と言われる始末。僕には、『阪急を裏切ってしまった……』という思いが残りました」

先輩に冷たい仕打ちを受けた大物ルーキー

金村は高校時代、「次の試合は完封します」「絶対に打ちます」などと記者を相手に大口を叩いてきた。テレビや新聞で金村を見た先輩たちは、嫉妬も反感も覚えていたのだろう。マイナスの感情がそのまま金村にぶつけられた。

「高校を出たばかりの18歳を、『ようそれだけいじめるなあ』いうぐらいの扱いでした。背番号が28になったことでいびられ、誰も口を利いてくれんし、キャッチボールの相手もおらん。いま思えば、ゴリゴリのパンチパーマを当てて、入ってきた僕も悪いけどね（笑）」

プロ野球は、新人がひとり入ってくれれば、誰かが抜けなければならない世界だ。鳴り物入りのルーキーは陰湿な仕打ちも受けた。

藤井寺にある選手寮でも気持ちが休まるときはなかった。電話当番のとき以外は、なるべく外に出るようにした。

「ドラフト1位の高卒の選手で、1年で寮を出たのは僕だけちゃう？　たしかに、高校時代は大口叩いていたけど、プロでそんなことはなかった。初めてプロで内野手になるんやから大きな態度ができるはずがない。自分ではおとなしくしてたつもりだったのに。『大金もらって入って来た』『金のことでゴネた』と思われてたみたいやね」

同期の選手たちは先輩にかわいがってもらっているのに、金村だけ相手にされなかった。

「先輩はパンチパーマで、ドテラ着てスーパーカブを乗り回してるようなガラの悪いんばっかり。財布の金がなくなったこともあった……。そんなんやったから、近鉄に対していい思い出はないですよ。寮の飯は死ぬほどまずいし。教育係の先輩がいて、よう殴られたわ（笑）」

金村が入団した1982年は、西本幸雄監督に育てられた選手たちが、レギュラーポジションを占めていた。18歳のルーキーが入りこむ隙間はなかった。

「僕は、いまで言う指定強化選手みたいになっていて、春季キャンプから休みなし。一軍がオフの日には二軍で練習しました。でも、内野手になったばかりで守備はヘタやし、サードのレギュラーの羽田耕一さんは10歳くらい上で、かなうわけがない。滝内弥瑞生《やすお》さんという二軍の守備コーチに徹底的に鍛えられました」

年齢の近い先輩には厳しくされたが、30代のベテランは優しかった。

「選手会長だった井本隆さんは優しかった。平野光泰さんとか、佐々木恭介さんくらいの年代の先輩には、僕がやんちゃ坊主みたいに見えたんでしょう。食事にも連れていってもらいましたね」

プロ4年間で放ったヒットは54本

プロ1年目の1982年、金村は一軍で7試合に出場し、2安打を放っただけ。二軍選手が出場するジュニアオールスターでMVPを獲得したことが話題になったくらいだ。

「でも、年俸なんか全然上がりません。契約更改のとき、球団の人に『おまえ、ジュニアオールスターで賞金、なんぼもろうたんや？　それを足したらアップやろ』と言われました……ネタみたいに思われるけど、ほんまの話」

1986年まではレギュラーポジションをつかめなかった。プロ4年間で、54本しかヒットを打っていない。

「僕なんか、ずっとくすぶっていて、もう早くに終わってもおかしくなかった人間です。鳴かず飛ばずで、悩んでいたときに中西太さんが近鉄のコーチになって、仰木彬さんが僕を預けてくれた。羽田さんからレギュラーを取ろうと必死に練習して、1986年にやっと全試合出場ができたんです」

羽田の故障をきっかけにチャンスを手にした金村は、打率2割7分5厘、23本塁打、67打点を記録した。当時は「3年活躍してやっと一人前」と言われた時代、まだ一流選手への入口に立っただけだった。

「寮に帰ったら、まだ先輩に集合させられて説教されたし、栗橋茂さんにもよう怒られましたた(笑)。でも、あのころはよく練習しましたよ。中村紀洋のスカウトが僕と一緒なんですよ。そのスカウトの人がノリにこう言うたらしい。『昔、金村はよう練習したから、そこは真似せい。練習以外は見習ったらいかんぞ』と（笑）」

近鉄が大きく変わったのは、仰木の監督就任後だ。リーグ連覇に貢献したベテランから若手への切り替えはほぼ完了した。10・19決戦があった1988年限りで梨田昌孝が引退、翌年には羽田と栗橋もユニフォームを脱いだ。

「ピッチャーも野手も、完全に切り替わったのが、仰木さんの監督元年。本当は、僕が入団する年に仰木さんが監督になるという話があったみたいやけど、いろいろな事情でのびのびになっていたみたい。

プロ2年目、3年目、僕は一軍と二軍を行ったり来たりのとき、仰木さんにはよく声かけてもらっていました。レギュラーじゃなかったから、そんなに話をすることはなかったけど。

仰木さんはパ・リーグの広報部長みたいなもので、アイデアマンやった。盛り上げるためにいろいろなことをやりました。たとえば元ピッチャーの僕にオープン戦で登板のチャンスをくれたのも、話題づくりの一環やったんでしょうね。ほんまに感謝しています。一方で、黄金時代だった西武を倒すことに執念を燃やしていました」

ビールの一気飲みでスタメンを決めた

仰木にもまた、ウソのような伝説がある。

「北海道遠征のとき、デーゲームのあとにサッポロビール園に行って、みんなで一気飲み大会になりました。『よし。明日の試合、ショートの先発は早飲みで決める』と仰木さんが言うから、ほとんど酒が飲めない人も必死になって飲んでました。いい時代やったですね」

仰木に認められ主力選手になった金村は、野手のリーダーとして仰木の気持ちを代弁するようになっていく。

「仰木さんはピッチングコーチの権藤博さんと仲が悪くて、口も利かない。ピッチャー陣は権藤さんのほうばかり見るから、僕が仰木さんの代わりに指示を出すこともありました。『監督がど真ん中にチェンジアップ放れと言うとるぞ』と。

ピッチングコーチはピッチャーの味方やけど、監督は冷静に試合を見て選手起用を考える。意見が対立するのはしょうがない」

監督とピッチングコーチ、監督と選手との緊張感が、1988年の近鉄の躍進につながったのかもしれない。

「試合に勝ったあと、仰木さんの握手を無視するピッチャーもおったもんね。でも、仰木さんは『それぐらい元気があったほうがええわ』と笑ってました。仰木さんの器の大きさでしょうね。

それまで、近鉄の試合で球場が満員になるのは、オープン戦の読売ジャイアンツ戦か、阪神タイガース戦しかなかった。変わったのは『10・19』の年から。あれは、仰木さんの功績ですよね」

あの日を境に、ファンも球場に集まるようになったが、球団の選手に対する待遇は変わらなかった。

「藤井寺球場には選手用の駐車場もなく、球場の施設とかも、ひどいもんでした。僕が選手会長になってからいろいろなことを球団と交渉しましたけど、なかなか進まなかった。優勝旅行もさびしかったな。ホテルも食事も……巨人から移籍してきた淡口憲治さんなんか、ひっくり返ってたもん。『こんなん、考えられへん』と。そのときの球団社長は『わしが社長になって初めての優勝やから、しゃあない。次はちゃんとするから』言うてたけどね……」

選手会長として球団に対して次々に要望を出す金村は、次第にうとんじられるようになる。それがFA宣言につながる。

近鉄という球団に思い入れはないが……

日本のプロ野球で、選手がどの球団とも契約を結ぶことができるFA制度(フリーエージェント)が導入されたのは1993年オフのこと。

「僕なんか、自分から手を挙げてもいないのに、球団の人からは『どうせ出るんやろ？』どこかと話がついとるんやろ？』と決め付けられて……僕の後釜にノリを考えていた首脳陣は出したかったんちゃうかな？　ヒット打った試合でも『今日はもう帰ってええぞ』と言われたこともあったね」

18歳でプロ入りした金村は、1994年オフにFA権を行使して中日ドラゴンズに移籍。同じタイミングで、エースだった野茂英雄もチームを去った。そこから、1989年の優勝メンバーの離脱が続く。

「近鉄という球団には、何の思い入れもない。でも、やっぱり仲間に対しての思いはある。野茂がアメリカから帰るたびに、当時のメンバーが集まって酒を飲んだもんです」

1997年、西武ライオンズに移籍し、金村は2年連続で優勝の美酒を味わった。

「セ・リーグの野球も厳しかったけど、近鉄とは待遇が天と地ほど差があった。観客も多いしね。中日にいた2年間は、毎日が日本シリーズみたいな感じがしました。

中日では活躍できなかったけど、僕はＦＡ選手なのに年俸が安かったから、右バッターがいない西武に獲ってもらった。１９９７年は近鉄の監督を佐々木さんがしとって、対戦した初打席で西武での初ホームラン打って、ガッツポーズしたのを覚えてるよ」

金村は当時、プロ16年目、34歳になっていた。

「若い選手たちと寮生活して、野球をやってて西武のときが一番楽しかった。女優の吉永小百合さんからしょっちゅう、メロンの差し入れがあるし、優勝慣れしているチームで、2年連続で優勝旅行にも行ったしね」

待遇が悪かったから選手がタフになった

１９９９年シーズン限りで現役を引退。金村の通算成績は、１２６２試合に出場して、９３９安打、１２７本塁打、４８７打点、打率2割5分8厘だった。近鉄で13年、中日で2年、西武で3年。プロ野球で18年間プレイした。

「近鉄のいいところ？　ファンやろね。マニアックで、熱心に応援してくれましたよ。近鉄の選手で藤井寺に住んでたのは、栗橋さんと僕だけ。地域密着はそのふたりやろうね。僕が近鉄から離れてからも応援してくれました。この前、テレビのロケで藤井寺に行ったら、一緒に出てた吉本興業の芸人よりも人気あったわ（笑）。

待遇が悪かったから、選手はたくましくなった。みんな、精神的にもタフやったもんね。前の日にどれだけ酒を飲んでも、平気な顔で試合に出よった。そういうのを、監督も先輩も許してくれてたから。あれは近鉄のいい伝統やろうね。門限なんか、うるさく言われなかったたし。西武はそういうところは厳しかったね。だから、チームとしては強かった。でも、人情味があったのは近鉄かな」

２００４年、球界再編問題のときには、プロ野球解説者として活躍していた。

「僕はユニフォームを脱いでマスコミの仕事をしてたから、プロ野球選手会の応援をさせてもらいました。近鉄の名前だけでも残してほしかった。振り返ると、近鉄のピークは、２００１年に北川博敏の代打逆転サヨナラ満塁ホームランでリーグ優勝を決めた瞬間じゃないですか。あれが近鉄の総決算やった気がします」

仰木監督の推薦でオールスターに

１９８８年から近鉄の監督をつとめた仰木は、１９９２年限りで退任。１９９４年からオリックス・ブルーウェーブの指揮をとった。阪神・淡路大震災が起こった１９９５年にリーグ優勝、翌年はリーグ連覇を果たし、巨人との日本シリーズに勝って日本一に輝いた。１９９９年まで、６年連続でAクラス（3位以内）をキープした。

２００５年、近鉄とオリックスの合併によって誕生したオリックス・バファローズの初代監督に就任。シーズン後に退任し、球団のシニア・アドバイザーになった。

シニア・アドバイザー就任の2カ月後の２００５年12月15日、肺がんによる呼吸不全のために亡くなった。

「生前贈与だといって、仰木さんが日本一になったときに高倉健さんから贈られた腕時計を僕がもらいました。亡くなったあと、奥さんにお願いして、1時間くらいふたりっきりにしてもらいました。冷たくなっていく体をさすって、ユニフォームを着せて帽子もかぶせました」

最期まで野球人として生をまっとうした仰木は、70歳でこの世を去った。

「本当に仰木さんに感謝しています。当時、パ・リーグのサードは石毛宏典さん（西武）と松永浩美さん（阪急）で決まりだったから、僕みたいな選手にオールスターゲームなんて、縁がないと思っていました。前年の優勝監督が監督推薦選手を決めることになっていたから、1990年は僕に『気合い入れてやれよ』と言ってくれて。前半戦で僕が打ちまくって、仰木さんにオールスターに選んでもらったんです」

その年のオールスター戦の最大の注目は、ファン投票1位で選出された新人の野茂。金村は第1戦に六番サードで先発出場し、斎藤雅樹（読売ジャイアンツ）からタイムリーヒットを放っている。

「僕がオールスターに出ることができたのは、あとにも先にもあの年だけ。仰木さんのおかげです」

4回表

1990年代の近鉄バファローズ

KINTETSU BUFFALOES
CHRONICLE 1990s

野茂英雄の出現、そして……

30年スパンでひとつの球団の歴史を振り返ったとき、その後の運命を変える勝利、あるいは敗戦があることがわかる。もちろん、10・19決戦もそう。翌年、ブライアントの3連発が飛び出した10・12の西武ライオンズ戦もそうだ。

1989年に行われた平成初の日本シリーズも、近鉄バファローズという球団の運命を決定づけた試合だと言えるだろう。

近鉄にとって3度目の日本シリーズだった。

過去2回の日本シリーズは、近鉄が使用していた日生球場は収容人数が少なく、藤井寺球場はナイター設備がないため、南海ホークスの本拠地・大阪球場を借りて行われた。この年初めて、藤井寺球場でセ・リーグ王者を迎え撃った。

相手は、王貞治の後任、藤田元司監督が率いる読売ジャイアンツだった。

第1戦の巨人の先発はその年、20勝を挙げた斎藤雅樹。対する近鉄の先発はもちろん、エースの阿波野秀幸だった。両リーグの最多勝投手同士の対戦となった。

セ・リーグで2位に9ゲーム差をつけて優勝した巨人と比べ、最後の最後まで優勝争いを展開した近鉄の疲労の色は濃かった。戦力面でも巨人が投打で圧倒していると見られていた。

しかし、近鉄の一番打者・大石大二郎が日本シリーズ史上初の初回先頭打者ホームランでチームに勢いをつけた。1対3とリードされた6回裏に鈴木貴久のツーランホームランで追いつき、7回裏に新井宏昌のタイムリーで引き離した。先発の阿波野が最後まで投げ抜き、日本シリーズ初勝利を挙げた。

第2戦は、5回まで巨人・桑田真澄と近鉄・山崎慎太郎の投手戦となった。6回裏に巨人から移籍した淡口憲治などのタイムリーが出て、6対3で勝利した。

東京ドームに移った第3戦も、近鉄ペースで試合は続いた。先発の加藤哲郎が6回途中まで好投を続け、村田辰美、吉井理人《まさと》へとつないで完封勝ちをおさめた。過去の日本シリーズの嫌なイメージを忘れさせる3連勝だった。

巨人の選手の闘志に火をつけたひと言

だが、試合後に事件が起こる。

加藤のひと言が巨人の選手たちの闘志に火をつけた。「シーズン中のほうがよっぽどしんどかったですね、相手は強いし」というコメントが、新聞記者によって「巨人はロッテより弱い」と〝翻訳〟されたのが原因だった。

事実と違うとはいえ、こんな報道をされて巨人の選手たちが黙っているはずがない。ふがいない自分たちへの怒りを近鉄の選手たちにダイレクトにぶつけた。

第4戦は、巨人の先発・香田勲男に近鉄打線が3安打に抑えられ、0対5で完敗。第5戦も巨人のエース・斎藤からブライアントのホームランによる1点しか取れず、1対6で敗れた。原辰徳がリリーフの吉井から放った満塁ホームランで勝負が決まった。

藤井寺に移動して行われた第6戦。近鉄打線は桑田を打ちあぐね、巨人の二番・篠塚利夫のタイムリー、三番・岡崎郁のホームランで引き離された。これで3勝3敗のタイ。勝負は第7戦に持ち越された。

近鉄の先発マウンドには、巨人の反撃のきっかけをつくった加藤が上がった。2回表に駒田徳広にホームランを浴び、4回には中尾孝義、川相昌弘の連続タイムリーで3失点。2点差で迎えた6回表に村田が原に、吉井が中畑清にホームランを打たれ、勝負あり。ダメージを負った近鉄には反撃する力が残っていなかった。9回裏に2点を入れて追い上げたが、5対8で終戦を迎えた。

3連勝のあとの4連敗……日本シリーズでは勝てない。近鉄という球団の宿命を感じさせる日本シリーズだった。

強力な投手陣に野茂が加わったのに……

そんな暗いムードを吹き飛ばしたのが、日本シリーズ後の11月26日に行われたドラフト会議だった。8球団が1位指名で競合した大物ルーキー・野茂英雄を抽選で引き当てた。当たりくじを引いたのは仰木彬だった。

当時の近鉄投手陣は、若さも実力も兼ね備えたメンバーが揃っていた。19勝8敗1セーブ、防御率2・71という成績を残した最多勝投手の阿波野。4年連続ふたケタ勝利の小野和義、9勝の山崎、7勝の加藤のほか、リリーフには5勝20セーブをマークした吉井がいた。阿波野と加藤が26歳、小野と吉井は25歳、山崎は24歳だった。

ここに、ソウルオリンピックに日本代表のエースとして出場した21歳の野茂が加われば、リーグ連覇の可能性は高くなるはずだった。

ところが、単純な足し算でチームをつくることはできない。

1990年、プロ1年目の野茂は18勝8敗、防御率2・91、奪三振287という成績で、最多勝利、最優秀防御率、最多奪三振、最高勝率のタイトルを独占したものの、ほかのピッチャーは前年よりも成績を落とした。19勝の阿波野は10勝止まり、12勝の小野はわずか3勝、7勝の加藤は0勝に終わった。

開幕ダッシュに失敗した近鉄は、なかなか波に乗れなかった。最終的には67勝60敗3分で3位に入ったものの、西武ライオンズの独走Vを許してしまった。

〝トルネード投法〟に日本中が沸いた

野茂の出現は衝撃的だった。ペナントレースとは別のところで、多くのプロ野球ファンの心をひき付けた。

竜巻をイメージさせる〝トルネード投法〟で、西武の四番・清原和博をはじめとする強打者たちとの真っ向勝負。日本のプロ野球ではなかなか見ることのできないスケールの大きさに、ファンだけではなく、選手も度肝を抜かれた。

入団当初から、野茂のピッチングを間近で見ていた近鉄の外野手・中根仁は言う。

「野茂は入団したときから頑固でした。ピッチングフォームも独特でしたけど、考え方も生き方も『自分』を持っていました。いい意味で、自分の考えしかない――そんな感じがしました。高校時代は無名でも、社会人野球と日本代表で揉まれてきたからか、21歳にして大物の風格が漂っていましたね」

1988年ドラフト会議で近鉄から2位指名を受けた中根は、プロ1年目に59試合に出場し打率2割3分6厘、10本塁打の成績を残している。東北高校時代には1学年下の佐々木主浩（横浜ベイスターズなど）ともプレイした経験を持つ。

「僕は野茂と仲がよくて、よくご飯を一緒に食べにいっていましたが、いつも、『エラーは誰でもしますから』『責任は全部自分にあります』と言っていました。野手がエラーをしても点を取られたら『自分が悪い』と。

新人のころから、エースの自覚がありましたね。だから、野手は『野茂に勝たせたい』といつも思っていました。フォアボール、フォアボール、フォアボール、三振、三振、三振という試合ばかりでしたが」

〝トルネード投法〟で三振の山を築いた野茂は、相手チームにクセを見破られていた。それで打ち込まれることもあったが、彼はまったく動じなかった。

「野茂の持ち球はストレートとフォークだけ。2種類しかないから、投げる前にバッターに球種がわかれば大変です。『相手にクセがバレてるのに、直さないの？』と聞くと『クセが出てるのはわかっていますけど、直しません。ストレートがくるとわかると、ボール球でも振りませんか?』と言う。誰よりも自信を持っているし、小さなことには負けないという気持ちも強かったと思います」

1991年に17勝、287奪三振。1992年は18勝、228奪三振、1993年は17勝、276奪三振で4年連続の最多勝、最多奪三振のタイトルを獲得している。

生え抜きの選手たちが次々に離脱

1990年のパ・リーグを制したのは、近鉄に苦汁を飲まされた西武だった。日本シリーズでは、シーズンで88勝、勝率6割7分7厘を誇ったセ・リーグ王者の巨人をまったく寄せ付けず、4連勝でチャンピオンフラッグを奪い返した。

西武は、1989年に近鉄に敗れたことで強くなった。ブライアントに粉砕された悔しさをパワーに変えて、まったくスキのない常勝軍団へと進化していた。日本シリーズで敢闘賞を受賞した巨人の岡崎が「野球観が変わった」と語ったほどの強さだった。

打倒・西武に燃える仰木が選手たちを鼓舞しても、〝仰木マジック〟を駆使しても、彼らの牙城は崩せない。この年からリーグ5連覇を果たす西武の後塵を拝し続けた。

1992年限りで仰木がチームを去り、鈴木啓示が監督に就任。通算317勝の大エースによって、V奪回を目指したが、鈴木は選手との信頼関係を築けぬまま、わずか3年足らず、1995年途中に退任した。

1年目の1993年は66勝59敗5分で4位。1994年は68勝59敗3分で2位に浮上したものの、1995年は49勝しかできずに最下位の屈辱を味わった。

「西本幸雄さんに指導者としてのすばらしいお手本を見せていただきながら、私自身はそうなれませんでした」

鈴木は自身の監督時代についてそう語っている。

「若い選手に1回言うてわからんなら2回言う。それでもダメなら3回、4回言うてもわからんなら5回……でも、私はそこでもうあかんと、サジを投げてしまったんです。

西本さんはそっぽを向いた私に10回でも20回でも同じことを言い続けてくれたのに、その偉大さを私自身が一番わかっていたはずなのにね……」

鈴木の指導は、若い選手には古い精神論に思えたのかもしれない。選手として偉大過ぎたために、コミュニケーションが足りなかったのは間違いないだろう。

試合に勝てないこと以上に、チームに深刻なダメージを与えた3年間だった。

野茂の退団は「球界のルールを乱すもの」

親会社の近鉄で営業企画部に所属していた足髙圭亮（現・奈良国際ゴルフ倶楽部支配人）がバファローズに出向してきたのは、鈴木監督の時代だった。選手と球団との溝が深くなり、主力がどんどん抜けていくのを、編成部長兼管理部長として間近で見ていた。

「鈴木監督の言うことを僕は理解していました。おっしゃっていたことは正しいと、いまでも思っています。ただ、野茂や石井浩郎《ひろお》らの考えとは相いれなかった。相当なズレがあったことは事実です」

4年連続で獲得した最多勝利、最多奪三振のタイトルをはじめ、野茂が残した記録、偉業は数多い。球団とすれば、全国区の生え抜きのスターを手放すことなど考えられなかった。「球団としても、もっと野茂を知ってもらおう、もっと売り出そうとしました。三振を取るたびに応援で使うための『Kボード』をつくったりね」

しかし、1994年、監督の鈴木と野茂との感情的な対立が表面化する。1989年からコンディショニングコーチをつとめる立花龍司が行うアメリカ式のトレーニング方法が鈴木の考え方には合わなかった。鈴木は、野茂をはじめとする選手から遠ざけた。冷遇された立花はそのシーズン限りでチームを去ることになる。

シーズンを肩痛で棒に振った野茂の契約更改は、揉めに揉めた。

そのころ、メジャーリーグと日本プロ野球は、外国人選手が入ってくるだけの一方通行の関係だった。「日本人選手は球団のもの」という意識が、球団にはもちろん、選手にもあった。

野茂の契約更改を担当した足高が続ける。

「選手は、一度契約をしたら、クビかトレードになるまで近鉄におるもんやと考えてたと思います。お互いに、『仲良くやっていこう』という意識があった。

野茂の件で交渉しているとき、はじめは『この人、何言うてんの？』という感じやったですね。でも、いろいろ調べていくうちに、日米間の取り決めがないために、そのまま野茂を縛り付けても、もし裁判になったら負けるということが明らかになった。いつまでもゴタゴタしててもしょうがないからというオーナーから指示が出て、野茂が退団することになりました」

日本国内のルールでは近鉄の主張が認められても、国際基準に照らしたときに、通用しなかった。だが、日本球界で発言権を持つＯＢは野茂の決断と近鉄の判断を「球界のルールを乱すもの」と一刀両断にした。

野茂の退団で日本球界が変わった

野茂が近鉄でプレイしたのは1990年からの5年間だけ。投手部門のタイトルを総なめにしたものの、チームは一度も優勝することができなかった。移籍金や保証金などの見返りもなく、スター選手を手放すことになった。

足高は言う。

「もちろん、我々としたら痛かった。唯一の全国区の大スターが抜けるんですから。でも、野茂に対しては、メジャーリーグで成功してほしいと思っていました。『こんだけのことやったんやから、アメリカで結果を出せよ』と」

野茂のメジャーリーグでの活躍によって、プロ野球でプレイする日本人選手の目がアメリカに向くようになった。1997年、オリックス・ブルーウェーブの長谷川滋利、千葉ロッテマリーンズの伊良部秀輝がメジャーデビューを果たした。1998年には、前年にヤクルトスワローズで日本一になった元近鉄の抑えのエース・吉井がFA権を行使してニューヨーク・メッツへ移籍している。

「野茂の一件から、日本球界が変わったのは事実でしょう。ほかの球団からしたら、『何してんねん、近鉄は？』いう感じやったんやないですか。前例をつくってしまいましたから」

野茂は、契約更改で代理人制度の導入、複数年契約を求めたが、球団はそれを拒否した。交渉が暗礁に乗り上げた末にやっと見つかった「落としどころ」が任意引退選手だった。球団の縛りから自由になった野茂は、近鉄を退団してメジャーリーグに行くことを決意する。

5年間で139試合に登板し、78勝46敗1セーブ、防御率3・15という成績を日本に置いて、アメリカに渡った。1995年からロサンゼルス・ドジャースに入団し、村上雅則（元南海ホークス）以来ふたり目の日本人メジャーリーガーとなった。

同じタイミングで、金村はFA権を行使して中日ドラゴンズへ。近鉄在籍8年間で67勝を挙げた阿波野は香田とのトレードで巨人へ、10年間で40勝61セーブをマークした吉井は、西村龍次との交換でヤクルトスワローズへと移っていった。

1994年に打点王を獲得し、1995年に四番打者として362試合連続出場記録（当時）を達成した石井も、1997年からは巨人のユニフォームを着ることになる。

近鉄の背骨となっていた選手がひとり、ふたりといなくなっていく……。

１９９１年夏、西条農業で甲子園出場を果たし、高校の日本代表に選ばれた礒部公一は、高校卒業後に地元の社会人野球の強豪・三菱重工広島に進んだ。１９９６年のアトランタ大会まで、オリンピックに出場する日本代表の出場資格は、アマチュア選手のみに与えられていた。礒部はプロ入りも視野に入れながら、オリンピック出場を目指して腕を磨いていた。

球団初の全国的スター、野茂英雄をバックアップすべく、彼の登板時には、ホームベース型の「Kボード」を準備。藤井寺だけでなく、ビジターでの試合（写真は西武ライオンズ球場）でも盛り上がった。

INTETSU
3
11

TN	1	2	3	4	5	6	7	8	9	10	T
	0	0	0	3							
	1	0	0	0							

4回裏

ラルフ・ブライアント（1988-95）の近鉄魂

「近鉄というチームは、
私にとってすべて。
人生の中で大きな意味を持っている」

Ralph Wendell Bryant

ラルフ・ブライアント／1961年生まれ、アメリカ出身。81年、ドラフト1位でロサンゼルス・ドジャースに入団。88年、中日に入団。同年6月、近鉄に移籍すると74試合34本塁打で最終戦までもつれる優勝争いに貢献。89年、49本塁打で初の本塁打王に輝き、リーグ優勝に貢献。本塁打王3回、打点王1回。95年退団。96年母国に戻り、現役引退。

近鉄がリーグ優勝を争うときには、決まって左打ちの外国人選手がいる。

1979年、1980年に連覇を果たしたチームはチャーリー・マニエルが、2001年はタフィ・ローズがクリーンナップに座っていた。

1988年、1989年の推進力になったのは、ラルフ・ブライアントだった。1988年シーズン途中に中日ドラゴンズから移籍してきたブライアントが覚醒しなければ、10・19決戦も翌年の優勝もなかったはずだ。

体がよじれるほどの豪快なスイングで、どれだけのピッチャーから闘志を奪いとったことか。1988年は6月27日にチームに合流して、わずか3カ月あまりで74試合に出場、打率3割0分7厘、34本塁打、73打点をマークした。8月26日に1試合3ホームランを放つなど、破壊力はすさまじかった。

1989年も、ブライアントは三番に座り、打率2割8分3厘、49本塁打、121打点を挙げた。10月12日の西武ライオンズとのダブルヘッダー第1試合で3打席連続ホームラン、次の試合で四球をひとつ挟んで、4打数連続ホームランを記録した。49本塁打で本塁打王に輝き、リーグMVPも手にした。

しかし、1990年からの2年間はあまり輝きを放つことができなかった。1992年は打率こそ2割4分3厘と低調だったが、38本塁打、96打点を挙げた。1993年は打率2割5分2厘、42本塁打、107打点をマークし、2度目の本塁打王に輝いた。1994年は打率も3割近くまで上げ（2割9分3厘）、35本塁打、106打点で、2年連続3度目の本塁打王を獲得した。

1995年4月に通算250本塁打を記録した

ものの、この年限りで近鉄を退団。アメリカに戻ったのち、1996年限りで現役を引退している。

近鉄在籍8年間で773試合に出場し、打率2割6分1厘、259本塁打、641打点を記録している。

近鉄を去って20年以上が経った。27歳で近鉄のユニフォームを着たブライアントは、58歳になっている。しかし、いまだに日本では人気があり、今年の夏は川崎球場（富士通スタジアム川崎）で開催された「10・19」のトークイベントなど、日本国内のさまざまなイベントに出演して、プロ野球ファンの拍手を浴びた。

一番印象に残っているのは10・19と翌年の優勝

日本でプレイした8年間で忘れられないのは1988年と1989年のことだとブライアントは言う。

「1988年は終盤に大接戦になって、エキサイティングだった。1989年の西武ライオンズとのダブルヘッダーでホームランを連発したこと、優勝したときのことはよく覚えているよ。1日で4本もホームランを打ったことを忘れることは絶対にないだろう」

ブライアントにしか打てない打球が、東京ドームの天井スピーカーに当てた認定ホームランだ。日本ハムファイターズのサウスポー・角盈男《みつお》から放った一発はいまも日本プロ野球の伝説になっている。

「あの打球はもちろん、狙って打ったわけじゃない。自分はポップフライだと思ったんだけど、どんどんどん上がっていって、ドームの天井に当たった。ふたつともアンビリーバブル！　信じられない出来事として私の記憶に残っているよ」

1988年5月に中日ドラゴンズに入団したブ

ライアントは、二軍でくすぶっていた。日本式のハードトレーニングに戸惑いもあった。アメリカから日本に渡ってきた不安もあっただろう。

「近鉄にトレードされる前は、どうやって日本の野球にアジャストすればいいのか、よくわからなかった。野球そのものも、練習や生活のスタイルも全然違ったからね。日本の練習はとにかく長く、ハードだった。バッティング練習の前に1時間もランニングをするなんて、考えられなかった。それが一番困ったところ」

しかし、近鉄の中西太打撃コーチの指導を受けたことが、その後の大爆発につながった。

「日本式の練習を繰り返したことで、自分の意識も変わったし、日本のいいところを取り入れようという気になったよ。そこが、自分の中で一番変わったところかもしれない」

近鉄への移籍を告げられたとき、自分でもこれほどの成績を残すとは思ってはいなかった。

「近鉄に移籍だと聞いて、はじめは驚いた。でも、すぐに大きな親会社が持つ球団だということがわかった。話を聞いて、自分を変えるきっかけになるかもしれない、一軍に上がれるチャンスだとポジティブに考えました。

そのために大事なのは、日本の野球にアジャストすること。自分を合わせることだけを考えていた。日本の野球から何を学べるか、その中で自分の力を発揮できるのか。近鉄では、自分のベストを尽くすことしか頭になかった」

藤井寺ではホームランを打ちにくい

シーズン途中での移籍だったために、近鉄というチームに関する情報もほとんどなかった。

「正直、何もわからなかった。近鉄のユニフォームを見たとき、あまり好きになれなかった（笑）。『この色は、ちょっとなあ……』と思った。キャップのロゴマークが大きいという印象があったね」

近鉄の本拠地だった藤井寺は人口7万人足らずの町。

「私にとって、藤井寺は楽しい場所だった。デーゲームでは早い時間からたくさんのファンが来てくれた。この町にどうすればアジャストできるかとよく考えたよ。住んでいたのは阿倍野。一番好きな食べ物は、カツ丼だった」

1928年完成の藤井寺球場は両翼91メートル。収容人数3万2000人の小さな球場だった。

「信じてもらえないかもしれないけど、実はホームランを打ちにくいスタジアムだった。外野のフェンスは低かったけど、その上に高さ2メートルほどのネットがあって、それを超えるのが難しかったんだよ。

収容人数はアメリカのスタジアムに比べれば少ないけど、観客席が近いから、ファンの声援もよく聞こえて、思いがダイレクトに伝わってきた。選手からすれば集中しやすい、ファンにとっては見やすいスタジアムだった」

藤井寺のヤジも、ブライアントには気にならなかった。

「大阪の言葉はキツい？　それは知らなかったなあ（笑）。日本語がわからなくて、よかったね。自分にとっては勇気づけられるいい声援だった」

知る人のいない異国の地で野球に打ち込むブライアントは、近鉄の指導者やチームメイトとともに成長していった。

「一番はじめに思い浮かぶのは、やっぱり仰木彬監督だね。ものすごくいい人だったし、尊敬していた。亡くなってしまったことが残念で仕方がない。仰木さんは選手をリラックスさせてくれる人。私に力を出せる環境をつくって、プレッシャーから解放してくれた。その一方で勝利にこだわる監督だった。厳しい練習もさせられたからね。

彼がよくお酒を飲むということは知っていたよ。試合前の練習では、選手よりもたくさんランニングをしていたから。あの姿も印象的だった。それにゴルフがすごく上手だった（笑）」

打撃コーチの中西も恩人のひとりだ。

「ゴルフはしないけど（笑）、彼のことは好きだった。中西さんは私にチャンスをくれた人。内角のボールの打ち方、よけ方を丁寧に教えてくれたおかげでホームランをたくさん打てるようになったんだ。日本で、高めのボールの打ち方、オーバーフェンスさせるためのバットの出し方、角度を教わったんだよ」

すぐにチームに打ちとけることができたのは、金村義明などチームメイトのおかげでもある。

「金村さんはデンジャーな人だった（笑）。悪い言葉を教えてくれた、日本語の先生でいつも私を笑わせてくれました。金村さんがテレビタレントとして活躍していることはよく知っているよ。いつもジョークを飛ばしている人だったし、個性的で陽気なキャラクターだった。彼のテレビでの活躍は納得できるよ」

近鉄でプレイしたことは運命

２００４年の球界再編問題が起こったとき、ブライアントはアメリカにいた。近鉄という球団がなくなると聞いて、何を思ったのか。

「そのニュースをいつ、どうやって知ったのかは覚えていない。ただ、近鉄という名前がなくなると聞いて、本当にさびしかった。私にとって近鉄は偉大なチーム。すばらしい仲間もたくさんいた。近鉄がなくなったことは、いまでも悲しい」

もし近鉄でプレイしなかったら、ブライアントはどんな人生を歩んでいただろうか。

「中日にいたときはチャンスがなかった。でも、近鉄が私を見つけてくれて、人生が変わった。チャンスさえあればいい結果を残す自信はあったけど、それを証明することが中日ではできなかった。もし近鉄に移籍しなかったら……いまの自分がどうなっていたかわからない」

中日の二軍でチャンスに飢えていたブライアントは、自分の力で未来を切り開いた。

「近鉄で活躍できたのはなぜだろう。でも自分に起こったことは運命だと思っている。近鉄にトレードされたこと。そこでいい指導者といい仲間に出会ったこと。そして、いい成績を残せたこと。近鉄ですべてが変わった。きっと、運命だよ」

ブライアントにとって、近鉄魂とは何か。

「近鉄というチームは、私にとってすべて。自分の人生の中で大きな意味を持っている。仲間やファンとのすばらしい思い出もたくさんある。本当に私のすべて」

4回裏

ラルフ・ブライアントの近鉄魂

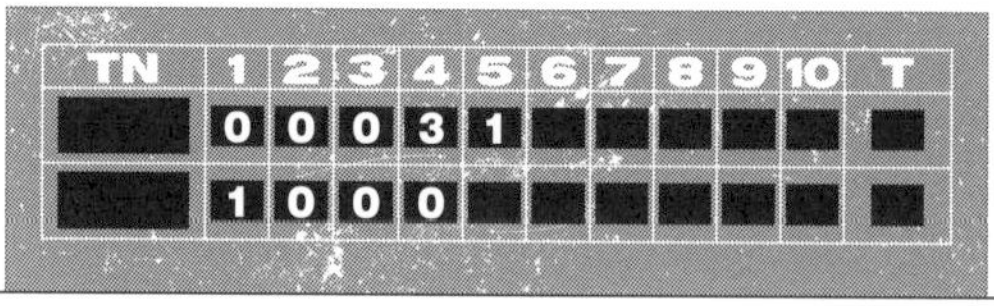

5回表

1990年代の
近鉄バファローズ

KINTETSU BUFFALOES
CHRONICLE 1990s

「球団を見返すために」という選手も増えた迷走期

1970年代後半から1980年代前半にかけて、近鉄のホットコーナーを守り続けたのは羽田耕一だった。1986年に打率2割7分5厘、23本塁打、67打点を挙げ、羽田からポジションを奪ったのが金村義明。その後釜には、1991年ドラフト4位の中村紀洋が座った。

近鉄バファローズのサードにはいつも、右打ちのスラッガーがいた。

背番号66の中村は1994年、打率2割8分1厘、8本塁打、36打点をマークしている。本塁打王のブライアント、打点王の石井浩郎が三、四番を打つ強力な打線で七番打者として経験を積み、このあと長く近鉄の主軸を任されることになる。

1995年1月17日、阪神・淡路大震災によって、関西地方は甚大な被害に見舞われた。このシーズンは、「がんばろうＫＯＢＥ」を合言葉に戦ったオリックス・ブルーウェーブが主役に躍り出た。

指揮をとるのは、1992年に近鉄の監督を退任した仰木彬。チームを牽引するのは前年、鈴木一朗から登録名を変更しシーズン200安打を放った「イチロー」だった。6月に西武ライオンズから首位を奪うと、オリックスになってからは初めての、阪急時代から通算すると11年ぶり11回目のリーグ優勝を飾った。

鈴木啓示監督3年目の近鉄は勝率3割台で最下位に沈んだが、20本塁打、64打点を挙げ、後半戦には四番にも座った中村の活躍だけが明るい材料だった。豪快なスイング、明るいキャラクターは間違いなく、近鉄の遺伝子を受け継ぐ者と期待された。

しかし、監督の鈴木と主力選手との関係は修復できなかった。球団との対立が表面化するケースが続出することになる。

野茂英雄を手放して批判を受けた管理部長の足高圭亮は、その後も選手との契約更改の場に立った。

「選手やマスコミには、『シブチン、シブチン』とよう言われたけど、ほかの球団よりも待遇が悪いとは思ってなかった。たしかに、巨人の選手と比べたら安かったかもしれんけど。そもそも『シブチン』というのは、関西ではあいさつみたいなもんですからね」

1993年にFA制度が導入され、選手を引き留めるための複数年契約が当たり前になった。その後、代理人交渉も認められ、1990年代後半には選手の権利がかなり強くなり、待遇も良化していった。

「プロ野球だから、選手がお金にこだわるのは理解できます。いい成績を残したときはアピールしていい。それは大事なことです。でも、自分が思ったより評価が低かったときに『来年、見とれ』と思えるかどうか」

近鉄の主力選手がチームを離れた理由

この年は、特に近鉄を離れた選手の活躍が目立った。ひとりは、エースの野茂だ。前年から続いたストライキの余波を受け、3週間遅れて開幕したメジャーリーグで、野茂はさっそうとデビューを果たした。

ロサンゼルス・ドジャースのユニフォームを着た野茂は5月2日、敵地のサンフランシスコで初登板を果たす。6月2日に初勝利を挙げると、前半戦だけで6勝1敗、防御率1・99の成績を残し、オールスターゲームでも先発のマウンドに立った。

1年目の成績は13勝6敗、防御率2・54（リーグ2位）。236奪三振で最多奪三振のタイトルを獲得している。チームの7年ぶりの地区優勝にも貢献し、ルーキー・オブ・ザ・イヤー（新人王）にも選ばれた。

近鉄を離れた元エースは、アメリカ中に「NOMOマニア」を生む人気者になり、ストライキ明けのメジャーリーグの救世主となった。

そのころ、野茂とともに近鉄投手陣を支えてきた吉井理人がヤクルトスワローズの先発投手として、優勝争いを続けていた。吉井も、鈴木体制に不満を持ち、移籍を志願したひとりだ。25試合に登板（22先発）し、10勝7敗、防御率3・12という成績で、ヤクルトのリーグ優勝に貢献した。オリックスと対戦した日本シリーズでは第3戦に先発している（ちなみに、1997年にも13勝を挙げ、リーグ優勝、日本一の美酒に酔った）。

なぜ近鉄のメンバーはこの時期に、次々とチームを離れたのか。もちろん、それぞれに事情は異なるが、共通するものがある。それは球団との信頼関係の欠如だ。

1990年ドラフト3位で入団した佐野慈紀《しげき》は、プロ1年目から中継ぎとして活躍。その後も好成績を残し（6年間で260試合登板、35勝18敗21セーブ）、1シーズンを通して、コンスタントに40試合以上登板するセットアッパーの地位を確立した。

佐野が当時を振り返る。

「当時は、いまほど中継ぎ投手の評価は高くありませんでした。でも僕は、投げさせてもらえるのなら毎日でもマウンドに上がりたかった。いつも必死でした。ものすごい先発陣が揃っていて、僕の出番があるのは中継ぎだけ。毎日、投げたくて投げたくて。故障をすることなんか考えてもいませんでした。太く、短く。それでプロ野球をクビになってもいいと本気で思っていました」

プロ6年目の1996年、佐野はキャリアハイの成績を残した。57試合に登板して、5勝3敗7セーブ、防御率2・95。〝中継ぎ投手として初の1億円プレイヤー〟になった。ところが、このあたりから少しずつ歯車が狂っていく。

「野茂の退団のあと、球団への不信感が年々大きくなっていきました。『球団のために』というよりも『球団を見返すために』と思うようになり……実は、表には出ていませんが、毎年、トレードを志願していました。言いたいことを言うために成績を残そうと、それがモチベーションになっていました」

しかし、佐野が1億円プレイヤーにふさわしい成績を残したのはこのシーズンが最後だった。

「目標を達成したことで、球団への敵対心がなくなって、もう引退してもいいかなとさえ思いました。野茂、吉井さん、石井さん……仲間が次々にいなくなっていくし。そのころ、ひじが痛かったので検査を受けたら、靭帯を損傷していることがわかり、手術に踏み切りました」

1997年オフに佐野はアメリカでトミー・ジョン手術（右ひじ側副靭帯再建術）を行ったが、その前後で球団とひと悶着あった。

「ひじの手術をする前に、球団と年俸はそのままという約束をしました。でも、一方的に反故にされて年俸を下げられ、不信感でいっぱいになりました。そのときに一度、『もうやめます』と言いました。結局、出来高制にして、インセンティブをつけた契約にしましたが、もう、気持ちが全然ダメでした」

近鉄を去った男たちの不思議な連帯感

１９９０年代前半に近鉄の四番打者として活躍した石井も、球団と揉めた末にチームを去ったひとりだ。

野茂と同じ１９８９年ドラフト会議で、３位指名を受けて近鉄に入団した石井は、プロ１年目に22本塁打をマーク、５年連続で20本以上のホームランを放った。１９９４年には１１１打点で打点王を獲得している。

この石井も野茂と同様、コンディショニングコーチだった立花龍司とともに熱心にトレーニングをしていた。しかし、１９９５年に右足を亀裂骨折したために戦列から離脱。１９９６年には開幕直後に左手首を骨折してしまった。

そのシーズンオフ、アメリカで行った手術に関して、「渡航費も治療費も負担できない」と球団から告げられ、契約更改の場で60パーセントの年俸ダウンを提示された。

日本プロフェッショナル野球協約の制限を超える60パーセントのダウン提示に不満を持った石井は、年俸調停を申請した。日本野球機構（NPB）からの要請を受け、石井は近鉄と契約を交わしたのち、1月に石毛博史、吉岡雄二との交換トレードで読売ジャイアンツに移籍することになった。

1997年、読売ジャイアンツに移籍した石井は、その後、第65代目の四番をつとめた。

1990年代前半の近鉄を支えたエースも、抑えの切り札も、四番打者もすべていなくなった。

近鉄を去った男たちには不思議な連帯感があったと、金村は言う。

「僕と野茂がチームから出たあと、石井もトレードになった。みんな、当時の首脳陣と合わなかったからね。僕は近鉄に対しては何も感じなかったけど、あのときの仲間に対しての思いは強い。『こいつらには負けられん』という気持ちもあったし」

打てて守れるキャッチャーを目指して

その後も選手と球団とのゴタゴタが続くなかで監督に就任したのが、佐々木恭介だった。

外野手として1979年、1980年の連覇に貢献し、コーチ時代に金村や村上隆行を育てた熱血漢は、恩師の西本幸雄の背番号68を付けた。主力がごっそりと抜けたチームで新監督に課せられたのは、若手の育成とチームの立て直しだった。

赤いふんどしを締めて臨んだ1995年秋のドラフト会議で、7球団競合の末に引き当てたPL学園の福留孝介に入団を拒否されたが、翌1996年のドラフトでは未来のチームの背骨になる可能性を秘めた高校生と、即戦力となる社会人の選手の指名に成功した。

1位でPL学園のサウスポー・前川克彦を、のちに抑えの切り札になる大塚晶文（日本通運）を2位で、強打のキャッチャー・礒部公一（三菱重工広島）を3位で指名している。

彼らが数年後に期待通りの働きをすることになるのだが、優勝を狙うチームになるまでにはまだ時間が必要だった。

社会人の三菱重工広島で4年間プレイした礒部にとって、プロ野球は憧れではなく、働く場所。レギュラーになって金を稼ぐのが第一の目的だった。

礒部が言う。

「子どものころの夢は、地元のカープの選手になること。甲子園に出て、高校日本代表に選ばれたあと、プロからの誘いがあったと高校を卒業してから聞きました。そんなことを知らなかったので、社会人で鍛えてからプロに行きたいと考えていました」

アトランタ五輪への出場はかなわなかったが、礒部はドラフト候補に挙げられるようになっていた。オリックス入団希望を明言していた礒部のところに、ドラフト会議で3位指名をした監督の佐々木がヘリコプターに乗って指名のあいさつにやってきた。

「あとで、経費が50万円もかかったと球団の人から聞きました。『契約金から引いとくわ』と（笑）」

当時の近鉄では古久保健二や的山哲也がマスクをかぶることが多かったが、ふたりともバッティングに難があった。左バッターが不足しているというチーム事情もあった。

「入団前から、近鉄が打てて守れるキャッチャーを探していると聞いていました。僕と同じドラフトで大久保秀昭さんが6位指名されました。アトランタに出た日本代表の正捕手。僕と同じ左打ちだったので、当然意識しました」

現在、慶應義塾大学野球部の監督をつとめる大久保は、慶應大学、日本石油（現JX-ENEOS）に進み、アトランタ五輪で日本代表の銀メダル獲得に貢献したエリートだった。

「キャッチャーには古久保さん、的山さんのほか、光山英和さんもおられました。僕は体が強いほうだったので、練習からアピールしていきました」

夜中までテニスボールでバッティング練習

プロ野球に入ってくるほどの選手でも、入団したときに完成しているケースは少ない。長所もあれば、短所もある。ほとんどが、欠点を修正しながら武器を磨くことに時間をかけることになるのだが、その作業は一朝一夕では進まない。だが、近鉄には昔から、辛抱強く指導する監督やコーチがいた。礒部も、コーチ陣に見守られ、ひたすら練習を繰り返した。

初めてのサイパンキャンプのことを、礒部はいまでもよく覚えている。

「とにかく暑くて、グラウンドレベルは45度もありました。立っているだけで日焼けして水膨れができるくらいの日差しの中で、バットを振り込み、守備練習をしました。朝から17時くらいまでグラウンドにいて、夜間練習が20時くらいから始まる。僕たちもテニスボールを使ってバッティング練習をしました。僕がお世話になったのは、羽田コーチでした」

近鉄で3度のリーグ優勝を経験した羽田がコーチをつとめていた。教えるのは当然、西本幸雄流だった。

「毎日毎日、テニスコートで夜中まで、バットを振らされた記憶があります」

プロ1年目の1997年、礒部は62試合に出場し、打率2割3分3厘、0本塁打、6打点に終わった。

「キャッチャーというポジションはひとつしかありません。なんとしてでも奪ってやろうと思っていました。打てるキャッチャーになりたいと」

しかし、キャッチャーに求められるのは守備力、投手とのコミュニケーション。打撃力はあるに越したことはないが、打つだけでは困る。バッティングに自信のあった礒部は守備力強化とコミュニケーションを円滑に進めることに心を砕いた。

「相手のバッターのクセや自分のチームのピッチャーの性格をつかむのに少し時間がかかりましたが、社会人のチームや日本代表で経験を積んでいたので、混乱はありませんでした」

1997年のチームの勝ち頭は小池秀郎（15勝6敗）。岡本晃（10勝6敗）、香田勲男（9勝4敗）、高村祐（8勝9敗）らがローテーションを回していた。ブルペンには、礒部と同期入団の大塚（4勝5敗7セーブ）、抑えの赤堀元之（10勝7敗23セーブ）のほか、前年に39試合に登板した池上誠一など実力者がいた。

「特に中継ぎ投手のみなさんは個性が強くて、豪快で、はじめのうちはついていくのでやっとでした（笑）」

日本一の美酒に酔った元近鉄戦士たち

近鉄が5位に終わった1998年。西武ライオンズと横浜ベイスターズが戦った日本シリーズには、元近鉄の選手、監督が4人も顔を揃えた。38年ぶりにリーグ優勝を果たした横浜ベイスターズの監督は、1988年と1989年に投手コーチをつとめた権藤博。中継ぎには元エースの阿波野秀幸、外野には中根仁がいた。

日本シリーズは横浜が4勝2敗で勝ち、38年ぶりの日本一に輝いた。第6戦でリリーフ登板した阿波野は、史上ふたり目の両リーグ勝利投手となった。西武の最後のバッターになったのが、代打の金村だった。

1998年から横浜のユニフォームを着た中根は、すぐにリーグ優勝、日本一を味わう幸運に恵まれた。

「前年の12月、横浜にトレードだと言われたときには『ラッキー』だと思いました。一度、セ・リーグでプレイしたかったというのもあったし、一緒にプレイした選手たちがどんどんいなくなっていたし。球団と選手が年俸や待遇で揉めていたこともあって……僕もいずれ出されるんじゃないかとは思っていました」

近鉄と横浜では、大きな違いがあった。

「横浜に来て驚いたのは、球場やロッカーがきれいなこと。同じプロ野球でも、球団が変われば全然違うんだなと思いました。藤井寺は鳴り物を使った応援が禁止でした。優勝した1989年でもシートノックのときにお客さんが数えるほどしかいないということもありましたね。スタンドから、携帯電話で話す声も聞こえてきました。横浜スタジアムは観客でいっぱいでしたし、メガホンを叩く音が賑やかでした」

近鉄の選手たちは、かつてのチームメイトが歓喜の輪の中にいるのをどんな思いで見ていたのだろうか。

社会人出身の大塚晶文、礒部公一が台頭

1999年限りで監督を退任した佐々木は、4年間でAクラスに入ったのは1997年だけ（68勝63敗4分）。1998年は66勝67敗2分で5位、1999年はわずか54勝で最下位に終わり、このシーズン限りで監督を退いた。

しかし、チームにプラスの要素がまったくなかったわけではない。

サードの中村は、主砲として実績を積み上げていった。1996年には26本塁打、67打点、1997年には19本塁打、68打点をマークした。1998年は32本塁打、90打点、1999年は31本塁打、95打点を稼いでいる。生粋の近鉄ファンで、近鉄富雄駅前にある野球居酒屋「B-CRAZY」店主の浅川悟は、中村の成長に目を見張った。

「僕にとってのヒーローは、中村紀洋選手です。長嶋茂雄さんを例に出すと、年配の人に『長嶋と比べたらあかんわ』と言われるんですけど、僕にとっては同じくらいに大きい存在。ファンが打ってほしい場面で絶対に打ってくれましたから。

サードの守備もうまかったから、『長嶋さんはこんな感じやったんかな』と思いながら見ていました。本当にチャンスに強いバッターでした」

三番・中村のあとを打つタフィ・ローズは、入団1年目の1996年に打率2割9分3厘、27本塁打、97打点という成績を残した。1997年は打率3割0分7厘、22本塁打、102打点。1998年は成績を落としたが、1999年は打率3割0分1厘、40本塁打、101打点と大爆発した。

1996年ドラフト2位入団の大塚がセットアッパーとして頭角を現し、1997年には

52試合に登板して4勝5敗7セーブという成績を残した。1998年には抑えの切り札として、3勝35セーブを挙げ、最多セーブと最優秀救援のタイトルを手にした。3位入団の礒部は1998年に打率2割9分1厘をマークしている。

2000年から、佐々木に代わって指揮をとるのは、1979年、1980年のリーグ連覇を経験し、1988年の10・19決戦で同点タイムリーを放った梨田昌孝だった。

1988年限りで現役を引退した梨田は、NHKの野球解説者として活動したのち、1993年に近鉄の一軍作戦兼バッテリーコーチに就任し、1996年からは二軍監督をつとめた。

梨田はコーチになるとき、絶対に短気を起こさないと決めた。「外から野球を見て、いろいろな人と知り合いになって、自分でも変わったと思う」と語っている。

二軍監督に就任したときのことを梨田はこう振り返る。

「西本幸雄さんに『わかっとるよな!』と言われました。二軍はコーチも裏方さんも少ないから、ひとり3役、4役しないといけない。朝のフリーバッティングで投げて、ゲーム後にもまた放ったりね。実際に、球拾いも、いろんなことをやった。二軍ではそれが大事なんですよ。自分から何でもやる。西本さんの言葉でわかりましたよ」

近鉄再建の期待を担って、梨田が監督としてスタートを切った。

ファローズ
OSAKA

1996年12月18日、大阪市内。90年代の低迷期をのちに救うことになる前川克彦（前列左）、大塚晶文（前列右）、そして礒部公一（後列左から2番目）ら新入団選手の発表。

5回裏

水口栄二（1991-2004）の近鉄魂

「近鉄で学んだこと、
近鉄のDNAは指導している
少年野球チームに入っています」

Mizuguchi Eiji

みずぐち・えいじ／1969年生まれ、愛媛県出身。90年、ドラフト2位。91年、入団。94年、ショートのレギュラーに定着。96年、セカンドにコンバートされると、2001年の優勝に貢献。04年の球団消滅まで“いてまえ打線”の名バイプレーヤーとして活躍。近鉄在籍時の通算261犠打は球団史上最多である。07年、引退。現在は少年野球の指導にあたる。

松山商業時代に、主将として1986年夏の甲子園で準優勝。この大会で放った19安打という一大会個人最多安打記録は、いまも破られていない。その後、早稲田大学に進み、ショートとして活躍した。四年時には主将をつとめ、1990年の東京六大学の春季リーグ戦で優勝を飾った。大学時代に、ベストナインに4度も選ばれている。

1990年ドラフト会議で近鉄バファローズから2位指名を受けて入団した。シュアなバッティングと堅守が持ち味。小技の利く水口栄二は、大味な近鉄打線の中でつなぎ役になることを求められた。豪快で強打のイメージの強い近鉄打線にあって、貴重な存在だった。

大学までエリート街道を進んだ水口だが、近鉄の練習に加わったとき「なんじゃ、このチームは?」と思ったという。バッターの打球の速さ、飛距離が想像をはるかに超えていたからだ。

水口は、東京六大学の4年間で通算91安打、6本塁打を放っている。打率は2割6分8厘だったが、バットにボールを当てることには自信があった。しかし、春季キャンプで先輩たちのバッティング練習を見た瞬間に、度肝を抜かれた。

「これは、とんでもないところに来てしまったと思いました」

愛媛県生まれの水口にとって、近鉄という球団はなじみが薄い。1979年、1980年のリーグ連覇のときの記憶はないし、1988年の10・19決戦は早稲田大学の合宿所で先輩と一緒にいたため、じっくり見ることができなかった。

「自分なりに調べて、近鉄がどういうチームかはわかっていました。打力のある選手がたくさんいる。でも、本当の意味でのすごさを知ったのは入団してからです。特に、鈴木貴久さんがすごかった」

守備面ではほかの選手に引けをとらないという自信はあったが、バッティングはどうにもならない。近鉄の選手たちの打球は驚くほど遠くまで飛んでいった。自分がパワーヒッターだとは考えていなかったが、彼我の差を嫌というほど思い知らされた。

当時、近鉄はサイパンで春季キャンプを行っていた。バッティング練習で一軍のピッチャーと対戦したのだが……。

「アンダースローの佐々木修さんに投げてもらいました。シュートに詰まって、バットを2本折りました。セカンドフライしか飛ばない。『クビになるなあ……無理やなあ……』と思いました。3日目くらいに、仰木彬監督に声をかけてもらいました。『やっと前に飛ぶようになったな』と。それを聞いた瞬間、『ガーン』ですよね。しまった、見られてた（笑）」

キャンプインしたばかりのピッチャーは、仕上がり具合で言えば、6割か7割くらい。水口はそれに押され、凡打を繰り返した。

「まわりを見たら、みんなガンガン打っている。あまりの違いにショックを受けました」

大学時代の水口は、4年間でほとんどバットを折ったことがない。それなのに、初日で2本。バットとともに鼻柱も折られたのかもしれない。

「みんなが気持ちよさそうにオーバーフェンスしているのに、僕は内野フライ……。いままでと同じことをしとったんではヤバい。どうにかして変えないとと思いました。もしかしたら、そのときそう思ったから、長くプロ野球でプレイできたのかもしれません」

怖くて、エグい先輩に囲まれて

水口は野球ノートを付け直した。プロで生きるために、新しいスタートを切った。アマチュア野球とプロ野球は地続きだと思われているが、実際にはまったく違う。実績のある選手でも、過去を持ち込むことはできない。

「ゼロからの出発だから、もう1回やり直そうと素直に思えました。まわりを見たら、みんなすばらしい素材の選手ばかり。その動きを見たら、ものすごく参考になるんですよ。『この人はこんな体の使い方をしている』というのがわかる。先輩たちのいいところを真似していきました。聞いても、絶対に教えてくれないから（笑）。外野手の新井宏昌さんだけは別でしたけどね。『こうしたらええぞ』と」

早稲田大学野球部で厳しく鍛えられた水口だが、プロ野球選手の迫力はまた違った。

「みんな、怖かったですよ。ほんまにヤバかった……迫力がすごくて、エグかったですね。プロはアマチュアと違って、みんな、お金がかかってますから。同じ舞台に立たせてもらった限り、そこから落ちないようにと必死でした」

東京六大学出身者は数人いたが、多くは高校からプロに入った「叩き上げ」。数字を残した者が肩で風を切りながら歩く世界だった。パンチパーマでメルセデスベンツに乗り、ネックレスをしてポーチを抱えるいかつい先輩たち。その中で、174センチと小柄な水口は頼りなく映ったかもしれない。

「仰木監督がパンチパーマでしたからね。金のネックレスとかしてはる人も多かったから、『そういうところなんやな』と思うようにしました」

忘れられない仰木の怒りの表情

チームメイトは仲間ではあるが、ライバルでもある。近鉄は仲良し集団ではなかった。高校、大学とまとめ役をしてきた水口にとって、選手同士の結びつき方が新鮮に思えた。

「試合前はみんなバラバラ。でも、プレイボールがかかると、バッとまとまるんですよ。あれは、すごいと思った。まったく馴れ合いがない。『これが強いチームなのか』と思いました」

試合が終われば、それぞれが球場をあとにする。連れだって食事に行く人もいれば、ひとりですっといなくなる人もいる。グラウンドを離れると、決まり事はほとんどなかった。

「僕たち若い選手は先輩に食事につれていってもらうんですが、そこでも『勝手にやれよ』という感じで。アマチュアのときは、普段からみんなで一緒に動いてまとまりをつくるみたいなところがあったけど、近鉄は全然違いました。試合が終わったら『ほな、行こか』と言って帰っていくのがカッコよく見えました」

１９８９年のリーグ優勝を経験したメンバーばかりがラインナップに並んでいた。ベテランもいれば中堅も若手もいる。不動のレギュラーも、その座を奪おうとする選手もいる。野球選手としての出自も実績も違うのだから、「みんな一緒」のほうが難しい。近鉄というチームは、それぞれの考え方で、個人個人のペースで試合に臨む集団だった。

「個性の強い人ばかり。本当に個性派集団でしたね」

いかつい先輩に囲まれながら、水口はプロ１年目から一軍で働き場所を確保した。１９９１年は守備固めや代走での出場が多かったものの、68試合に出場している。

「先輩はみんないかつかったけど、本当の意味で怖さを感じたのは仰木監督でした。仰木さんはレギュラーには優しいのに、僕たちみたいな一軍半には厳しい。

僕は一度、ファウルフライを落としたことがあるんです。そのあとに雨が降ってきて一時中断。ベンチに戻ったときに『コラーッ、何しとんじゃ！』と怒られました。『要領ばっかり、覚えやがって』と。僕はあまり怒られたことがないんですが、あのときはすごかった。仰木さんの表情と言葉はいまも頭から離れない」

守備を重視し、足攻めを駆使する松山商業時代から、「スキのない野球」が身についているはずだった。ボーンヘッドや気の抜けたプレイなどしない。それが水口だった。しかし、そのときの仰木には、センスに頼って軽いプレイをする選手に見えたのかもしれない。

「あのときは、ガンガンに怒られました。近鉄に入団したころのイメージはそれですね。僕も早く、仰木さんに認められる選手になりたいと思いました」

仰木さんは「野球をうまくしてくれた人」

守備に定評のあった水口だが、若いころには手痛いミスもした。

「日本ハム戦で守備固めに入って、ショートゴロをエラーして負けた試合がありました。試合後、大石大二郎さんに食事につれていってもらって、いろいろな話をしていただきました。翌日の試合、仰木さんに『ここに座れ』と言われて、すぐ横で試合を見ました。きっと仰木さんの優しさだったんでしょう」

走攻守、三拍子揃った水口は監督からすれば使い勝手のいい選手だっただろう。首脳陣の意図を汲んでプレイできる貴重な存在だ。だが、それだけではプロの世界は渡っていけない。現役時代に同じタイプだった仰木は、水口にそれを教えたかったのかもしれない。

「仰木さんはとにかく、怖い人。いつも、『野球をなめるなよ』と言われているようで、本当に怖かった。プロに入ってすぐ、そんな体験をさせてもらったから、野球がうまくなったんじゃないでしょうか」

ある試合の終盤、ノーアウト一、二塁の場面で打席に立った水口にバントのサインが出た。そのうえで、「バントするか、バスターで打つかはおまえに任せる」と仰木に言われた。

「僕はまだ1年目ですよ。『えーっ』と思いました。いろいろ考えた末に、バントを決めましたが、『おまえに任せる』と言われたことはうれしかったですね。近鉄に入ってからは茨の道でした。仰木さんはパッと怒って、それで終わり。だけど、ひと言がずっと心に残りました」

勝負にこだわる指揮官が選手を見る目は厳しい。

「僕たちみたいな一軍半の選手からすれば、毎日、試されているようで、少しも気が抜けませんでした。振り返ると、危ない橋を渡っていたんだなと思います」

プロで生き残るために「いやらしい選手」に

プロ2年目のある日、水口は気づいた。

「チームのメンバーを見わたしたら、みんな豪快な人ばかり。生き方もプレイスタイルも。僕は松山商業時代から細かい野球をしてきたので、その経験を生かせないかと考えました。クリーンナップなんか打てるはずがないけど、二番とか八番、九番なら、いい仕事ができるはずだと。相手にとって『いやらしい選手』になるのが自分の生きる道やと思ったんです」

ホームランを打てる選手も打点を稼げる選手もたくさんいる。つなぎに徹し、他人を生かすことでチームに貢献できればと考えたのだ。

「フォアボールで塁に出る選手、確実にバントを決められる選手、ランナーを次の塁に進められる選手になろうと思いました。チームにはそんな存在が絶対に必要ですからね」

近鉄には手本となる選手がいた。1986年に南海ホークスから移籍し、1992年に2000安打を達成した新井だ。ヒットも打てて、つなぎもできる好打者だった。

「新井さんからいろいろなことを学びました。ものすごくいい勉強ができました」

仰木は1992年限りで近鉄を去った。水口はその間、守備固めと代走をこなしながら、足元を固めていた。

水口がショートのポジションを奪ったのは1994年。107試合に出場して、打率2割7分2厘、5本塁打、43打点、13犠打。1995年は107試合出場で、打率2割6分8厘、2本塁打、26打点を挙げた。1996年は二番・セカンドを任され、打率2割8分1厘、8本塁打、28打点、32犠打という成績を残した。

「鈴木啓示監督に、我慢して育ててもらいました。僕にとっては、ホップ・ステップ・ジャンプのホップの時期。代打でヒットを打ってレギュラーになるというタイプじゃないので、出場機会を与えてもらって助かりました」

その後も強打の近鉄打線の中で、献身的なプレイをし続けた。だが、1998年は打率2割3分3厘に終わり、1999年はわずか30試合にしか出られなかった。

「佐々木恭介監督の時代はヤバかったですね。レギュラーから外され、二軍にも落とされました。『えっ、俺が二軍?』と正直、思いました。

僕にとっては暗黒の時代でした。故障していたこともあって、二軍でしっかり勉強しようと思いました。野球をやめたら人に教えることをしようかなとちらっと考えたのはそのときです。『子どもに野球を教えるのもええな』と」

しかし、その期間は長くはなかった。2000年から梨田昌孝が監督になることが決まったからだ。

「梨田さんは二軍の監督だったので、僕の性格から何から見抜かれていたような気がします。あの年が僕にとって大きな転機です」

2000年、水口は再びセカンドのポジションをつかみ、主に二番を打った。

「梨田さんには自由にやらせてもらいました。よく、『ここはおまえに任す』と言われました。言葉はなくても、監督のやりたいことがわかる。『ここはヒットエンドランやろな』と思うと、そのサインが出る。信頼関係があれば、そうなるんです。

僕は塁に出るために、相手のピッチャーが嫌がることばかりしていましたよ。一、二番が塁に出たら、クリーンナップが返してくれますから」

中村紀洋、タフィ・ローズの三、四番は、リーグ屈指の破壊力を誇っていた。三番の中村は39本塁打、110打点で本塁打王、打点王の二冠を手にした。ローズも25本塁打、89打点をマークしていた。

ファンの心をとらえた〝いてまえ打線〟

梨田が監督をつとめるチームで、31歳の水口はベテランになっていた。

「僕とタフィ（ローズ）が同い年。2001年の春季キャンプは練習がキツかった。コーチに『弱いチームは練習するんじゃ』と言われてました。本当にあのころはみんな、よく練習してましたよ、えげつないくらいに。ベテランも若手も関係なし。僕らも休みはなかったもんね」

2001年、投手陣には不安を抱えていたものの、主砲の中村、ローズを中心に打ち勝つ野球でペナントレースを制した。

「あのときも、『俺は俺でやる。おまえはおまえでやれ』という感じのチームでした。近鉄らしいと言えば、そうかもしれない。若手がバーッと伸びてきて、チームが明るくなった。あの年はもう、イケイケドンドンだったですね。僕らも、彼らに乗せてもらいました。2001年の盛り上がりはすごかった」

礒部公一は水口のことを「最高のセカンド」だと言う。ライトの礒部は水口と1球ごとに連携をとり、守備位置を変えた。

「僕はチームをまとめようと思ったこともない。むしろ、あれこれ言わないほうが、若い選手はやりやすいはず。『おまえら、自分で勝手にやれよ』と思っていました。でも、あまりに何も言わないもんだから、近寄りがたかったみたいだけど」

近鉄の打ち勝つ野球はファンの心もとらえた。

「チーム打率が2割8分なんて、なかなかないですよね。中村が46本塁打、132打点、タフィが55本塁打、131打点。五番の礒部も17本塁打で95打点。お客さんも、勝敗は別にして、『ホームランだけでも見て帰ろ』みたいな感じやったと思います。野球が面白いし、チームは強いから、ファンも増えました」

近鉄が4度目のリーグ優勝を飾った2001年、水口は110試合に出場して、打率2割90厘、3本塁打、30打点、リーグ最多の38犠打を記録している。

「この1年間の経験は大きかったですね。充実した時間でした。プロ野球は1年間が長いですから、喜びも大きかった。プロになってから優勝するまで10年以上かかりましたし」

近鉄のDNAを受け継ぎながら

2002年以降も二番・セカンドが水口の定位置だった。

球界再編問題で揺れた2004年も、118試合に出場し、打率2割9分3厘、6本塁打、40打点、27犠打という成績を残している。

2005年はオリックス・バファローズでセカンドとサードを守ったが、近鉄時代よりも出場機会は少なくなった。2007年限りで現役を引退。プロ17年間で1561試合に出場し、通算1213安打を放っている。

「球団の吸収合併のころのことは思い出したくないんですよ。複雑な思いがいまでもある。選手もコーチも裏方の人も、バラバラになってしまったから。僕はオリックスでプレイして、コーチもしたから、こんなことを言うのはなんなんやけど。気持ちを切り替えたけど、やっぱり、うん……難しかった」

2008年からオリックスの一軍打撃コーチ、2012年は二軍打撃コーチをつとめた。2013年からは西宮市で小学四年生から中学三年生を対象とした野球塾『水口栄二の野球教室 野球心』を開き、指導に当たっている。硬式少年野球チーム『兵庫夙川ボーイズ』のGM兼総合アドバイザーでもある。

「僕は近鉄でいろいろなことを勉強させてもらって、そのおかげでいまがある。野球を人に教えることができているんです。ものすごく感謝しています。僕自身の経験、監督やコーチ、先輩から教わったことをうまく混ぜ合わせて、子どもたちに教えています」

近鉄で学んだことが、〝いま〟に生きている。

「近鉄が強いときはイケイケでしたよね。野球は細部にこだわらないといけないスポーツですが、小さなことにはかまわないようにしています。兵庫夙川ボーイズの選手たちには『小さいことを気にするな。イケイケで行け！』と言っています。

子どもたちは、縛り付けないほうが力を発揮するんです。今年3月の全国大会で準優勝したんですが、そのときも勢いがすごかった。『三振してもええから、思い切ってバットを振ってこい！』と言います。フライを打ち上げても怒りません。近鉄で学んだこと、近鉄のDNAがうちのチームに入っています」

6回表

球史に残る劇的な
〝最後〟のリーグ優勝

2001年の
近鉄バファローズ

KINTETSU BUFFALOES
CHRONICLE 2001

300勝投手の鈴木啓示監督在任中に1989年優勝メンバーが次々と抜け、そのあとに就任した佐々木恭介もチームを立て直せなかった。

近鉄の再建を託されたのが、梨田昌孝だった。

2度のリーグ優勝を経験し、近鉄ひと筋で現役生活を終えた梨田は、解説者として外から野球を勉強したあと、コーチ、二軍監督をつとめた。西本幸雄の正統な後継者であり、近鉄のチーム事情も知り尽くした最後の砦だった。

1999年に最下位に沈んだチームを引き継いだ梨田は、就任1年目に「機動力野球」を掲げ、守り勝つ野球を目指した。キャッチャーとして野球に携わってきた経験に裏打ちされた「勝利のセオリー」があった。過去、近鉄が優勝したときには強力打線が目立ったが、基盤になったのは投手力、守備力だと考えていた。

しかし、梨田が引き継いだチームに10勝投手はひとりもいなかった。岡本晃が9勝、小池秀郎が6勝、それ以外は5勝以下だった。チーム防御率はリーグ最下位の4・54。

その秋のドラフト会議では、1位で延岡学園の宮本大輔、2位で静岡高校の高木康成という高校生投手を指名したが、即戦力の期待はできない。5位指名の堀越高校の岩隈久志もほとんど話題にならなかった。

2000年の近鉄の成績は散々だった。開幕から低空飛行が続き、58勝75敗2分、勝率4割3分6厘で最下位に終わった。

梨田が監督1年目を振り返る。

「僕がずっとキャッチャーをやってきて、足を使われるのが嫌だった。だから、機動力を使った野球をしようと思ったんだけど、走れる選手がいなかった」

1998年に23盗塁を記録した大村直之も、1999年、2000年はともに7盗塁だった。

「ヒットエンドランのサインを出したら、バッターが空振りしてランナーがタッチアウト。そういうことが多かった。自分で『近鉄の野球の原点は何か』と考えて、打ち勝つ野球をしようということになった。

3年契約の1年目は最下位。2年目も5位や6位だったら、責任を取らないといけない。そういう覚悟で2001年シーズンに臨みました」

最下位チームにも、明るい兆しが見えていた。

投手では、1996年ドラフト1位の前川克彦が8勝、中日ドラゴンズから移籍の門倉健が7勝、開幕直前にテスト入団した元阪神タイガースの山村宏樹が6勝をマークした。抑えの大塚晶文は24セーブを挙げている。

野手では、中村紀洋が39本塁打、110打点で二冠王になった。ショートの武藤孝司の打率は3割（3割1分1厘）を超え、ファーストの吉岡雄二が18本塁打、65打点を挙げた。タフィ・ローズ、大村、水口栄二と合わせて6人のバッターが規定打席に到達している。そのほか、規定打席には不足しているものの、打率3割1分1厘を記録した礒部公一、6本塁打の鷹野史寿、5本塁打の川口憲史らが力をつけていた。

礒部を外野手専任にして打撃を生かす

2001年の開幕直前、梨田は大きな決断をしている。キャッチャーと外野で起用していた礒部を外野手に専念させることにしたのだ。打力のある礒部をローズ、中村のあとに置けば、打線に厚みが出る。打ち勝つ野球には、礒部は絶対に欠かせないピースだった。

「礒部はキャッチャーとして肩も強かったし、コントロールもよかったから、二軍監督時代にはレギュラーを取るんじゃないかと見ていました。でも、送球するときに軸足である右足がバックステップするクセがあった。キャンプもオープン戦もキャッチャーで使ったんだけど、それがなかなか直らない」

打てるキャッチャーはなかなか育たない。的山哲二や古久保健二もいたが、バッティングは期待できない。梨田のアイデアはコーチに反対された。

「せっかくここまでやってきたんだから、開幕はキャッチャー・礒部でという意見もあった。『借金が5か10くらいまでは我慢しましょう』というコーチもいた。でも、そんなに負けがこんだら挽回できない。

礒部の性格を見ると、おおらかで明るい。キャッチャータイプじゃない。のびのびとプレイできる環境に置いて、バッティングを生かしたほうがいい。そのために、外野で打つことに専念させようと」

コーチ会議を経て、礒部の外野手専任が決まったのはシーズン開幕の1週間前だった。

監督室に呼び出された日のことを、礒部はよく覚えている。

「梨田さんに『外野手専任で』と言われたとき、『うーん……』という感じはありましたけど、肩の荷が下りてほっとしたのも事実です。これで、バッティングに専念できるな、と。一応、『考えさせてください』と言いましたが」

礒部と心中するくらいの覚悟

梨田はその場面についてこう言う。

「ああ、一応、抵抗しているなとは思ったね（笑）。でも、その表情の中に安堵みたいなものが見えた。『キャッチャー失格』と言われたようなもんだから、がっかりもしたんだろうけどね」

礒部が「考えさせてほしい」と言ったところで、コーチ会議を経て下された監督の決定が覆るはずはない。本人に納得させるための儀式だった。

梨田が言う。

「キャッチャーは、肉体的にも精神的にも疲労が大きい。外野なら打つことを第一に考えられるからね。ローズと中村のあとに、確実性のあるバッターを置きたかった。礒部はそこでいい働きをしてくれた」

三番・ローズ、四番・中村、五番・礒部、六番・吉岡。〝いてまえ打線〟の中軸がピタッとハマった。一番から八番まで、左打者と右打者を交互に置くラインナップは相手ピッチャーに嫌がられた。

梨田が続ける。

「一番・大村、二番・水口、中軸のあとに川口が入る。相手のピッチャーによって、五番と六番が入れ替わることはあったけど、固定した打線で試合に臨める。足を使わなくても、点が取れる打線だったね」

しかし、打線は水物だ。いいピッチャーと対戦すれば沈黙することもある。百戦錬磨の梨田が野球界の常識を知らないはずはない。投手陣に不安のあるチームでは、打線の爆発力にかけるしかなかった。

梨田は腹をくくった。

「僕からすれば、『礒部と心中する』くらいの覚悟があったね」

2001年を象徴する展開になった開幕戦

2001年の開幕投手に指名されたのは、前年に7勝を挙げた門倉だった。4年間プレイした中日で通算29勝をマークしていた彼は、近鉄投手陣の中で飛び抜けて実績があった。しかし、プレッシャーのかかる開幕投手は荷が重かったのだろう。

梨田が言う。

「門倉は、体は大きいのに〝ノミの心臓〟。だけど、日本ハム戦の防御率がよかったから、小林繁コーチと話をして開幕投手に決めたんだよ。初回にいきなり5点も取られて、『ちょっとなあ……』と思ったけど、開幕投手を簡単に代えるわけにはいかない」

門倉は3本のホームラン、6失点を許し、2回途中でマウンドを下りた。その後、打線の奮起で8本塁打が飛び交う乱打戦になり、六番ライトの礒部がスリーランホームランを放ち、10対9で勝利した。この年の近鉄の戦いを象徴するような試合だった。

礒部が開幕戦を振り返る。

「外野手で出るからには、バッティングでアピールするしかない。開幕戦でホームランを打って、勝てた。『これで行けるんじゃないか』と思いました。

三番と四番はしっかりしているんで、あとを打つ僕らが打率を残せば得点力が上がると思いました。相手のピッチャーは嫌だったはずですよ」

この年、礒部の得点圏打率4割1分7厘は、リーグ1位だった。

梨田が言う。

「ピッチャーが少ない失点で抑えるというのが、野球の形としては一番いいに決まっている。でも、あのときの近鉄にはできなかった。5点取られて6点取る野球は、面白いと言えば面白かった。まあ、セオリーからしたら、ムチャクチャだったけどね（笑）。

当然、試合時間は長かった。4時間を超えるのは当たり前、5時間以上かかるのも珍しくなかったね。ナイターの翌日がデーゲームのときに、マネージャーに『布団を用意してくれ、球場の監督室で寝るから』と冗談を言ったことがある（笑）」

打って、打たれてという試合は当然長くなる。しびれを切らして帰宅したファンが翌日の試合を新聞記事で見て驚くという展開も少なくなかった。2001年に挙げた78勝のうち、41回も逆転勝ちがあった。

5点差をひっくり返す大逆転勝利で首位に

シーズン途中、崩壊寸前の投手陣にショーン・バーグマン、ジェレミー・パウエル、読売ジャイアンツから移籍の三澤興一が加わり、ショートにショーン・ギルバートが入った。

「球団がいい補強をしてくれて助かった。苦しいところでチームがギュッと締まったから」

と梨田は言う。

バーグマンは18試合に先発し10勝4敗、防御率4・18。パウエルは14試合に登板して、4勝を挙げた。三澤は21試合すべてにリリーフ登板し、7勝0敗、防御率4・01というピッチングを見せた。ギルバートは、故障の武藤に代わってショートを守り、76試合に出場して、打率2割6分7厘、6本塁打を放った。

波乱万丈の戦いを続けたこの年、選手たちを奮い立たせる〝事件〟があった。

6月13日の福岡ダイエーホークス戦で、脳腫瘍を患っていた盛田幸妃が中継ぎで1082日ぶりの勝利を挙げたのだ。

7月17日の千葉マリンスタジアムでのロッテ戦。4対9で迎えた9回表、一挙8得点を入れて、大逆転勝利。10年ぶりに首位で前半戦を折り返した。

2年連続最下位のチームはもう〝負け犬〟ではなくなった。

前半戦最後の試合は、梨田にとっても印象深い試合だ。

「ベンチやロッカーがお祭り騒ぎで、もう優勝が決まったような感じやったね」

オールスターゲームには盛田、中村、ローズの3人がファン投票で、前川と岡本が監督推薦で選ばれた。第2戦で前川がパ・リーグの先発マウンドに上がり、中村が2試合続けてホームランを叩き込んでいる。

あきらめなければ弱いチームも勝てる

終盤は西武ライオンズと福岡ダイエーホークスとの三つ巴の争いになった。

9月24日の西武戦で、ローズがエースの松坂大輔から55号ホームラン。王貞治が1964年に記録したシーズン最多本塁打記録（当時）に並んだ。9回に北川博敏が代打で同点ホームランを放ち、中村の逆転サヨナラホームランでマジックを1とした。

9月26日、大阪ドームで行われたオリックス・ブルーウェーブ戦。2対5とリードされた9回裏、ノーアウト満塁から北川が〝代打逆転サヨナラホームラン〟を放ち、12年ぶりのリーグ優勝を決めた。

いつも冷静な水口も興奮を隠せなかった。

「前の年が最下位だったから、余計にうれしかった。『俺たちでも、やったらできるんや』と思いました。うれしかったし、それまでに感じたことのない充実感を味わいました」

リーグ優勝を決めた梨田が日刊スポーツに残した手記の一部をここで抜粋する。

総決算の逆転勝ちでです。北川のサヨナラ満塁ホームランが出た瞬間の興奮と感激……今季40回目の逆転勝ちです。僕がひそかに誇りとしてきた最後までお客さんを釘づけにする野球で、とうとう優勝することができたのです。この夜は一生忘れられません。

キャプテンの中村が、ほかならぬそのプレーでチームを引っ張ってくれました。波に乗って打ちまくったローズ、しぶとく打点を積み重ねた礒部は開幕1週間前に外野にコンバートになったのにわだかまりも見せずに働いてくれました。吉岡（雄二）、川口（憲史）、この夜のヒーローの北川……みんな輝いていました。もちろん、一番に定着した大村（直之）、投手陣も頑張ってくれました。新外国人選手や三澤らをタイミングよく補強して支えてくださったフロントや苦労をいとわない裏方さん、もちろん、コーチや選手、そして彼らの家族や応援してくださった人々、ひとりひとりに今は深く感謝します。

大阪の町も不況にあえいでいます。だけどあきらめずに挑めば成就されることがあるのです。昨年まで最下位に沈んでいた弱いチームでも勝てるのです。日本一になれば、きっと大阪の励みになる……なせば成る、という言葉を思い浮かべながら、日本一につながるトビラ

を、僕たちの手でがむしゃらにこじ開けに行きます。

78勝60敗2分、勝率5割6分5厘。2位のダイエーに2・5ゲーム差の大接戦だった。前年の最下位チームがリーグ優勝を飾ったのは、パ・リーグでは史上初めて。チーム防御率4・98（リーグ最下位）の投手陣を、チーム打率2割8分0厘、211本塁打、748打点（いずれもリーグ1位）を記録した〝いてまえ打線〟がカバーして、12年ぶりにパ・リーグを制した。

パ・リーグのMVPに選ばれたのは、本塁打王になったローズ。中村が最多打点、最高出塁率のタイトルを手にした。34試合に登板して2勝を挙げた盛田がカムバック賞を受賞している。ベストナインには、中村、ローズ、礒部の3人が選ばれた。

1998年に32本塁打、90打点、1999年には31本塁打、95打点をマークした中村は、翌年に39本塁打、110打点で本塁打王、打点王の二冠を獲得し、パ・リーグを代表するスラッガーに成長していた。1973年生まれの28歳がチームリーダーになり、チームメイトを鼓舞した。

礒部が言う。

「ノリが『今年は何か違う』と言い続け、みんながそれに乗せられた気がします。記者の人にもファンにも、豪快、豪快と言われましたが、実は緻密な野球もしていました。伊勢孝夫コーチに配球だとかクセだとか、いろいろなことを叩きこまれましたから。そういう基礎があって、〝いてまえ打線〟が効いたんだと思います」

失点を「倍返し」する〝いてまえ打線〟

二番セカンドとして打率2割9分0厘、38犠打を記録し、60四球を選んだ水口はこの年の勝因をこう分析する。

「打線に関していえば、ギルバートが八番に定着したのが大きかった。ほかのショートはバッティングが弱かったけど、彼のおかげで打線がつながるようになって、一気に活性化しましたからね」

下位打線が一番・大村、二番・水口に回せば、チャンスを広げてクリーンナップにつなぐ。三番・ローズ、四番・中村、五番・礒部がビッグイニングをつくった。3人で118本塁打（ローズ55本、中村46本、礒部17本）、358打点（ローズ131、中村132、礒部95）を稼いでいる。

「そのころはみんなでよく、『倍返ししたれ！』と言ってました。ピッチャーが2点取られたら4点、3点取られたら6点取り返そうと。

シーズンの序盤はいつも通り。夏ごろから、勢いがつきました。『あれっ、これは行けるんちゃうか』という雰囲気になりました。秋には一気に盛り上がって、ムチャクチャ強くなりました」

1991年から近鉄のユニフォームを着る水口にとって、初めての優勝だった。優勝を争ったシーズンもあったが、多くはBクラスに沈んだ。

「チームが弱いときは、勢いがない。個人の成績がよくても、それだけでは勝てないんです。目に見えない力、勢いがないと勝ち上がれない」

野球のセオリーで考えるなら、投手陣を支える絶対的なエースがいないと勝てるはずはない。だが、この年、12勝でチームの勝ち頭だった前川の防御率は5・89だった。バーグマンが10勝を挙げたが、三澤の7勝も岡本の4勝も中継ぎ登板で挙げたものだ。打線が「倍返し」した得点を、三澤と岡本、大塚のリリーフ陣がしぶとく守り切った。

「2001年に僕たちが勝てたのは、その3人のおかげです。特に、途中から加わった三澤の働きが大きかった」

主役が主役の、脇役が脇役の仕事に徹する

ベテラン・水口は、自身の役割に徹することだけ考えていた。

「主軸がしっかりしているので、僕たち一番、二番が塁に出ないとダメなんです。フォアボールでも内野安打でもエラーでも何でもいいから。フォアボールは本当に大きい。クリーンナップの前にランナーを出したくない相手には、それだけでダメージになるし、味方は盛り上がる」

大村、水口の出塁が導火線となって、〝いてまえ打線〟が爆発することが何度もあった。しかし、ふたりの働きは地味で目立たない。

「梨田監督が、僕たちの役割をわかってくれましたからね。価値観の違う監督なら、あんなに粘っこくできたかどうか。梨田監督にも、真弓明信コーチにもその都度、『あのとき、あしとったほうがよかったな』と言ってもらい、間違ってないと再認識できました」

バッターはヒットを打つことだけが仕事ではない。

「僕はバットの芯に当てるのが得意やったんですけど、芯を外すこともできた。だから、わざとファウルを打ってピッチャーに球数を放らせたりしました。状況に応じて、初球から打つこともあったしね」

ホームランバッターがホームランを打ち、脇役は脇役の仕事に徹する。それぞれの個性や特技が生きたチームになっていた。

「自分の仕事をしっかりしたうえでチームが勝つ。これほどうれしいことはありません。そのあたりをちゃんと評価してもらいました。僕たちの仕事は塁に出ること、チャンスを広げること。クリーンナップはそれを返す。そういう野球ができました。

チームには、細かい野球ができる選手が2、3人は必要です。脇役がしっかり働けば、中軸が生きてくる」

仕事をやめて目の前で見た近鉄の決定的瞬間

野球居酒屋「B-CRAZY」店主の浅川悟にとって、2001年9月のことはしっかりと記憶に刻まれている。「あの試合は、何回に、誰のヒットで逆転した」とそらんじられるくらいだ。

ローズが王貞治の持つシーズン最多本塁打記録を抜くかもしれない、近鉄が12年ぶりに優勝するかもしれないというシーズンのクライマックスだ。

2001年9月24日の西武戦。浅川は大阪ドームの観客席にいた。

ローズが55号ホームランを放ち、北川の代打ホームランで追いつき、中村のサヨナラホームランで勝負を決めた試合だ。

「当時、僕は業務用スーパーマーケットで働いていたんですが、近鉄が優勝しそうになってから、ずっと有給休暇を使って試合を見に行っていました。僕は北川選手と生年月日が一緒で、彼のことを応援していました。ローズの記念の1本が見れて、北川選手の代打ホームランと中村選手のサヨナラですからね。あの日は、シビれました」

その2日後の9月26日に、北川はまたやってくれた。3点をリードされた9回裏、左中間スタンドに優勝を決める一発を叩き込んだ。

「あの日は、ハンディのビデオカメラを回しながら見ていました。試合には負けてたし、ローズの56号の可能性ももうなくなっていたんですけど、何かが起こる気がして。ホーム最後の試合だったということもあって」

劣勢の場面でも、最後の攻撃に期待する近鉄ファン。吉岡、川口の連打でにわかに球場全体が盛り上がった。

「2日前に北川選手がホームランを打った印象があったんで、何かやってくれるかもと思っていました。でも、まさかホームランとは……。あの瞬間、それまで経験したことのない揺れを感じました。

カメラを持った僕に、隣のきれいなおねえさんが抱きついてきたんです。決定的な瞬間を見て興奮したからでしょう。でも、僕はこの瞬間を映像に残したかったんで『ごめん。ブレるからやめてくれる』と言いました（笑）。自分が一番喜ばなあかん瞬間やのに、やけに冷静でした。昔の8ミリなんで画像は悪いんですけど、携帯電話に入れて、いつでも見られるようにしています」

2001年、主催試合に詰めかけたファンの総数は150万人を超えた（159万3000人）。梨田が苦心の末に選択した「最後までお客さんを釘づけにする野球」が、前年より44万5000人も観客を増やし、近鉄に12年ぶりのリーグ優勝をもたらしたのだ。

KITAGAWA
46
23

2001年9月26日、大阪ドーム。近鉄最後の優勝は、この年阪神から加入した北川博敏の代打逆転サヨナラ満塁ホームランで決まった！　北川の獲得を強く望んだのが、監督の梨田昌孝だった。

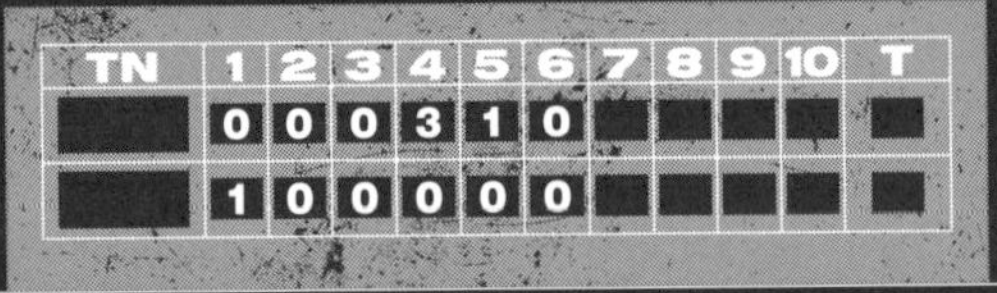

「僕の心の中にいるのは、見た目は
不細工かもしれんけど、やっぱり
〝あの子〟、近鉄なんです……」

6回裏

浅川悟
(1974-)
の近鉄魂

Asakawa Satoru

あさかわ・さとる／1972年生まれ、奈良県出身。3歳からの“生涯”近鉄ファン。2004年、球団消滅の報をうけ、当時店長だった業務スーパーを辞め、全試合を観戦するなど生涯で観戦したシーズン公式試合は約850。18年4月、15年間かけて資金を貯め、近鉄富雄駅前に野球居酒屋『B-CRAZY』を開店。近鉄ファンが集まる聖地となっている野球居酒屋「B-CRAZY（ビークレイジー）」は、奈良市の近鉄富雄駅前にある。オープンしたのは2018年4月。店内には、プロ野球関連グッズが所狭しと並べられている。多くのスペースを割いているのは、昭和のプロ野球。多くがパ・リーグのものだ。近鉄バファローズ初優勝時の監督の西本幸雄、300勝投手の鈴木啓示の大きなパネルが目立つところに掲げられている。

店主の浅川悟は幼いころからの近鉄ファンだった。物心がつく前から大阪球場や日生球場に連れられ、近鉄戦ばかり見てきた。

「西本さんがプロ入りする前にいた別府星野組という社会人野球のチームにうちの親戚がいたという縁で、僕も近鉄のファンに。叔父が西本さんの大ファンだったこともあって、僕も好きになりました。

いつもパ・リーグの試合ばっかり見に行っていたから、プロ野球は南海ホークスと阪急ブレーブスと近鉄だけやと思っていました。阪神タイガースというチームがあるのを知ったのは小学校高学年になってから（笑）」

1972年に奈良県大和郡山市で生まれた浅川の憧れの選手は鈴木啓示だった。

「どんな相手にも真っ向勝負するところに惹かれました。けっして強くはなかった近鉄で通算317勝もしたのはすごいなと思って」

見た目は不細工でも忘れられない魅力がある

近鉄という球団がなくなったいまも、浅川は近鉄への愛を持ち続け、この店で過去のビデオを流している。

「僕は近鉄を愛しているんです。好きとかのレベルじゃないんですよ。僕の中心にはいまも、近鉄があります」

しかし、2004年を最後に近鉄という球団はこの世から消えた。

「僕から近鉄を取ったら、もう何もない。2005年以降、僕はどこのファンでもありません。いまも愛情を近鉄に捧げています」

この店に集まってくるのは、もちろん、近鉄ファンだけではない。

「もうなくなってしまった近鉄ファンの僕が経営している店だから、イーグルスファンも、ホークスファンも来ていただけるのかもしれません。〝近鉄難民〟と言われる方に来ていただけるのは本当にありがたいですね。そういうお客さんがいらっしゃったら、もう何時間でも話をします(笑)」

生粋の近鉄ファンにとって、その魅力は何なのか。

「みなさんはよく『逆転勝ちが多い』とか『野球が豪快や』とか言われます。『河内の球団らしい』とも。僕は近鉄という球団をこうたとえるんですよ。見た目はそんなによくなくて、ガラが悪くて気が強い。でも、ここというときになんかやってくれる。困ってるときに助けてくれたり、ね。

ほかの球団は、見た目がシュッとしていても、パンチが弱い。『アタックしようかな』と思っても『ちょっと待てよ、違うぞ』となるんです。僕の心の中にあるのは、見た目は不細工かもしれんけど、やっぱりあの子、近鉄なんです……」

近鉄がなくなって15年も経つのに、浅川はまだ操を立てている。

「どこにも乗り換えることができず、15年が経ちました。僕には近鉄が忘れられん……」

紆余曲折を経て、浅川は開店資金を貯め、自分の店を構えた。

「もしいまの時代にあの近鉄みたいな球団があったら、ものすごい人気になったんやないですか。あんなムチャクチャな野球をするチームは、近鉄以外にはない。僕らファンも球場で『ほんまにこんなことが起こるんやな』と言い合ったもんです。『ここでホームラン、打つか?』と」

3度目の優勝の基礎を築いた岡本伊三美

西本監督から近鉄ファンになった浅川だが、特に監督としてリスペクトするのは、1984年から1987年まで指揮をとった岡本伊三美だ。

「1979年、1980年にリーグ連覇した選手が引退して苦しい時期に、トレードで淡口憲治さんや新井宏昌さんを獲ってチームを変えました。その時期にドラフトで指名した選手が10・19で活躍してくれましたから。岡本さんの功績を忘れてはいけないと思います」

読売ジャイアンツで活躍した淡口の移籍は1985年のシーズンオフ。南海ホークスから新井が加わったのは1986年1月のことだ。淡口は六番でポイントゲッターになり、新井は1987年に首位打者になった。

近鉄が3度目のリーグ優勝を飾った1989年のエース・阿波野秀幸がドラフト1位指名されたのは1986年のことだ。1984年ドラフト1位入団の佐々木修は、1991年に10勝をマークした。1983年ドラフト組の小野和義、吉井理人、村上隆行も岡本監督時代に経験を積んだ。

岡本監督時代の4年間の成績は、239勝242敗39分だった。1985年は3位、1986年には最後まで西武ライオンズと優勝を争ったが、2・5ゲーム差の2位で終わった。岡本は198 7年限りで指揮権を仰木彬に譲り、その後、球団代表としてチームを支えることになる。

いまも心に残る試合やシーンがある

近鉄ひと筋で生きてきた浅川には忘れられない試合やシーンがある。

「あまりいい思い出ではないんですが、1イニングで6本もホームランを打たれた試合ですね」

1986年8月6日。藤井寺球場で行われた西武ライオンズ戦に、それは起こった。8回表の西武の攻撃。西岡良洋、清原和博、石毛宏典、ジョージ・ブコビッチ、秋山幸二、大田卓司が立て続けにホームランを放った。

「夏休み中の出来事でした。その年は最後まで西武と優勝を争うくらいに強かったから、よく見に行ったんですよ。でも、あの試合はいまだにトラウマになっています。それだけ打たれても9対9で引き分けたんですけど、やられ方がエグいなと思って……本当にショックでした」

この日、藤井寺球場に詰めかけたファンは2万9000人。ほぼ満員の観客がこの惨劇を目撃したのだ。

通算317勝を挙げた近鉄の大エース・鈴木の記念すべき試合も、もちろん見ている。

「1984年5月5日、300勝を挙げた日本ハム戦も球場で見ました。ゴールデンウィーク中やったんで、親に無理を言って連れていってもらい、バックネット裏で観戦しました。堂々と投げる姿がカッコよかった」

浅川少年はユニフォームを脱いだ選手にも触れている。

「小学生のとき、村上さんにむっちゃ怒られたことがあるんです。ナガシマスパーランドに大石大二郎さん、佐々木さん、村上さんと一緒に行くイベントがあったんですが、サインをもらったとき、ものすごく優しかったのをいまでも覚えています。

その後に、僕が友達の分もサインをもらおうとして話しかけたんですけど、そのとき、村上さんがゲームのパックマンかなんかをしてはったんです。『村上さん、もう1枚、サインをもらえますか……』と言った瞬間、『死んじゃったじゃないか！』と言われたんです。『えっ、プロ野球選手がそんなことで怒る？』と思いました」

イベントの最後にクイズコーナーがあった。

「僕は正解しなかったんですが、村上さんが僕を怒ったことを気にしてたみたいで、『こっちこい』と呼んで、サインをくれました。男前やったし、ほんまに優しかった」

近鉄という球団を風化させたくない

近鉄の最後の優勝から18年が経った。浅川は毎晩、訪れるお客さんを相手に、昭和のプロ野球や、もうなくなってしまった近鉄のことを話している。

「この店をはじめたのは、近鉄バファローズという球団を風化させたくなかったから。２００５年くらいに開店の計画をしていたんですけど、時間がかかりました。45歳まではとずっと考えていて、オープンしたのが２０１８年４月。僕が45歳と11カ月のときでした。

業務用スーパーや県内の酒屋を20年ほどやっ

て、その後は開店資金を貯めるためにコンビニでダブルワークをしました。昼間はスーパー、夜はコンビニ。毎日の睡眠時間は2、3時間でしたね」

この「B-CRAZY」を開いて、1年半が経つ。

「2000年代の半ばくらいまでは、こんな感じの店もあったんですけど、少しずつ消えていきました。うれしいことに、いまでは〝近鉄ファンの聖地〟と言ってくださる方もいます」

近鉄ファンが7割、ほかの球団のファンが3割。家族連れで来てくれる人も多い。

「僕自身、ずっと〝近鉄ロス〟の状態が続いています。秋にはドラフト、春にはキャンプがあって、『今年の外国人選手はどうやろ？』『あの新人は活躍するかな？』とプロ野球ファンのみなさんは言うじゃないですか。でも、僕たちにその楽しみはありません。ときどき『昔、近鉄ファンやったんですよ、いまはタイガース応援してますけど』という人がいます。それは〝近鉄難民〟じゃなくて、〝タイガースファン〟ですからね」

近鉄の元選手、ファンの使命

近鉄ファンになって40年以上が過ぎた。いまも心から離れないその球団は、どんな存在なのか。

「近鉄は僕の人生そのものです。たぶん、死ぬまで近鉄のことは忘れないでしょう。藤井寺球場もなくなって、近鉄ファンの方が戻れる場所がいまはないので、近鉄のことを思い出したくなったときに立ち寄れる場所でありたいと思っています。僕は3歳から近鉄ファンやってますけど、強いときも弱いときも好きでした。もちろん、近鉄の試合を観戦するだけで満足でした。もちろん、ときどき、信じられんような勝ち方もする。負け方もですけど（笑）。豪快でカッコいい。近鉄の試合を見るのはほんまに楽しかった」

悲しいことだが、近鉄ファンには〝いま〟も〝未来〟もない。

「近鉄ファンの人、〝近鉄難民〟は新しいページをめくることはできない。過去をさかのぼるために、近鉄ＯＢの方をお招きしてファンが集まるイベントを行っています」

１９８９年の優勝に貢献したブライアントも、今年８月に来てくれた。

プロ野球界で近鉄のユニフォームを着たことのある現役選手は少なくなった。彼らやＯＢに何を望むのか。

「１日でも長く現役を続けてほしい、近鉄のことを伝えてほしいと思っています。僕自身も、球団がなくなったこと、昔のドロドロしたことも知っているから話したくないこともあります。あるとき、中学生の女の子に『近鉄バファローズってどんなチームやったん？』と聞かれたことがあります。その子は純粋な気持ちで聞いてくる。オリックスの選手が近鉄の復刻ユニフォームを着るのを複雑な気持ちで見ましたが、そういうときに、ちゃんと近鉄の話をしないといけないと思いました。

僕は近鉄の伝道師でありたい。選手やＯＢの方には、ご自身の経験を野球ファンのみんなに伝えてほしいと思っています。僕も微力ながら、伝道師の役割をしていくつもりです」

7回表

2000年-2004年の
近鉄バファローズ

KINTETSU BUFFALOES
CHRONICLE 2000-2004

近鉄最後の監督、梨田昌孝のチーム作りの哲学

近鉄バファローズという球団の歴史には3人の監督の名がしっかりと刻まれている。1979年、1980年にリーグ連覇を果たした西本幸雄、1989年に3度目のリーグ制覇を果たした仰木彬、2001年に前年最下位だったチームを優勝に導いた梨田昌孝だ。西本は8年間で510勝、仰木は5年間で363勝、梨田は5年間で344勝を挙げた。

梨田はプロ3年目から西本の門下生になり、仰木監督1年目のシーズン後に引退した。

「西本さんの厳しさ、仰木さんの厳しさを自分なりにうまく組み合わせて、選手の指導に当たってきた」と梨田は言う。

仰木監督のもとで2年、梨田監督とともに5年間プレイした水口栄二は言う。

「仰木さんはとにかく怖い人で、その怖さで野球をうまくしてくれた。レギュラーには気持ちよくプレイさせようとしていたんじゃないでしょうか。半人前だった僕らには厳しかったけど。梨田監督も、レギュラーだった僕たちには何も言わなかったですね。むしろ、気を遣ってもらった気がします」

1999年に出場機会が激減した水口だが、新監督になった梨田にセカンドで起用された。ミスしたあと、試合後に電話をもらって驚いた経験がある。

「梨田監督は優しかったですね。打てなかったり、守備でミスしたりしたときに『明日頑張ったらええから』とフォローしてもらいました。それで『取り返してやろう』という気になりました。そういうところは仰木さんに似ているのかもしれませんね」

能力を認めてポジションを任せた選手にはあれこれ言わない。梨田は、気分よくプレイさせることを優先した。

「とにかく、否定的なことは言われませんでした。僕は、『こんなふうに考えている』と言ってくれる監督のほうがやりやすかった。なかなかそんな人はいないんですけど、梨田さんは方向性をしっかり示してくれて、間違いがあったら正してくれました」

梨田監督時代には、真弓明信打撃コーチが野手に指示を与えていた。

「梨田さんの監督1年目に真弓さんがコーチで入られて、ふたりに僕のポテンシャルを上げてもらいました。梨田さんはキャッチャー出身だから野球理論がすごい。真弓さんは勢いよく、僕たちの背中を押してくれました」

個性を尊重して長所を伸ばす

梨田は選手を厳しく管理することも、縛り付けることもなかった。選手ひとりひとりの個性を尊重し、欠点の矯正よりも強みを生かすことを目指した。これは、西本、仰木、梨田に共通するところだろう。

そもそも、選手たちの経歴を見ると、野球エリートと呼べる選手は多くない。かつて西本がしたように、多少の欠点に目をつぶって、練習で鍛え、試合で経験を積ませて選手を育てた。4年間、二軍監督をつとめた経験から、若手の性格は手に取るようにわかっていた。

しかし、外国人選手の扱いには、また別の苦労があった。

梨田が2001年を振り返って言う。

「ある試合で、交代のタイミングを巡って、ジェレミー・パウエルが投手コーチの小林繁さんに食ってかかったことがある。彼の処遇についてはいろいろな意見が飛びました。コーチはみんな怒ってねえ。『あいつは許せん。コーチを侮辱するのは監督を侮辱するのと一緒だ』と。当時は、僕より年上のコーチが多かったこともあって、先輩も立てないといけない。でも、僕は意外と冷静やったよ」

指揮官の胸中は穏やかではなかったはずだ。しかし、チーム状況を考えたとき、パウエルに代わる先発投手はいない。ペナルティを与えて出場機会を奪うことは戦力ダウンにつながる。

「コーチの気持ちもわかるけど、パウエルの登録を抹消しても、代わりに一軍に上げるピッチャーがいない。俺たちの目標は何だ？　と考えたら、勝つことなんだよね。優勝を目指して戦っている」

　梨田が選択したのは、「俺が侮辱されたと思わないようにする」ということだった。すべてを水に流そうとした。

「コーチに聞いても、パウエルの代わりはいないと言う。じゃあ、『俺の思う通りにやります』となったんだよ」

　パウエルが興奮している姿はテレビカメラにも映っていた。ベンチで、選手たちみんなが見ていた。それでも、梨田は出場機会を奪うことはしなかった。

「パウエル本人にちゃんと話はしました。『あの試合では交代させたけど、チームにとって必要な戦力やからな』と。二軍降格も、罰金もなし。そのあと、パウエルは頑張って投げてくれたね」

　ほかにも、チームの決め事を守れず、ポカの多い選手がいた。コーチが厳しく指導しても、なかなか直らない。

　そこで梨田の登場だった。

「コーチ会議で、大揉めに揉めて、『処遇は監督が決めてくれ』となった。僕はそのとき、『あいつは明日から外国人登録にする』と宣言した。もう、細かいサインは一切なし。そう言ったら、コーチはみんな大笑いして、その選手がグーンと伸びた」

考え方も性格も違う選手やコーチが集まれば、大なり小なり、ストレスは発生する。それを取り除くのも監督の仕事だ。感情やプライドよりもチームの目的を優先して、梨田はチームのかじ取りを行った。

根気強く、丁寧に指導する

そんな梨田が手を焼いた選手がいる。

「大村直之は、ちょっと短気というか、せっかちなところがあった。セーフティバントのサインを出したら、バットに当たる前に走り出す。だから、ゆるいボールを投げてバントする練習をやった。

吉岡雄二は、バットにボールが当たらない。4回打席に立ったら、3回は三振して帰ってくる。吉岡がトボトボと歩いてできた〝吉岡ロード〟が藤井寺球場にはあったから（笑）」

当時、二軍には若手の育成に定評のある福富邦夫というコーチがいた。

「福富さんに任せたんだけど、途中で音を上げた。『俺にはできん』と。だから、僕は吉岡の手を握って、練習場に連れていった。あいつ、『何するんですか！』って言ってたけどね」

吉岡は帝京高校時代に全国優勝を果たし、１９８９年ドラフト3位で読売ジャイアンツに入団。１９９７年に石井浩郎との交換トレードで近鉄に移籍したが、大器が覚醒するまでまだ時間が必要だった。

「吉岡は高校のときからスーパースターだった。子どものころの気持ちに戻ってほしかったから、そうしたんだよ。『ゆうじ』と下の名前で呼んでみたこともある。

一本足にしたり、スタンスを広げたり、いろいろな打ち方をさせて、苦労はしたけど、そのうちバットに当たるようになっていった」

西本が夜間練習で梨田にテニスボールを打たせたように、根気強く、丁寧にバッティングを教え込んだ。

「のんびり、おっとりしてたから、時間はかかったよね」

吉岡は２００1年、打率2割6分5厘、26本塁打、85打点でリーグ優勝に貢献した。２００2年は26本塁打、72打点を挙げ、２００3年には打率3割をマークした。

お騒がせ男を二軍で〝放牧〟して再生

梨田は一度だけ、選手に手を上げたことがある。

1996年ドラフト1位入団の大型サウスポー・前川克彦は、チームの背骨になることが期待されていた。12月1日の契約更改日を「今日は11月31日」と勘違いして、すっぽかしたというお騒がせなエピソードを持っている。〝悪童エース〟の異名をとるほどの個性派だった。

梨田は言う。

「コーチや監督なら『鍛えれば伸びる』という選手はすぐにわかる。そういう選手に厳しく指導するというのはあると思う。期待の表れやね。

僕は指導者になって選手に手を上げたことはなかった。前川のときが初めて。二軍の試合で、前川がベースカバーを怠ったことがあって、コーチの山口哲治も血相変えて怒ったから、僕が割って入ってバチーンといった」

ボーンヘッドは誰にも起こりうる。だが、怠慢プレイは許されない。

「それを注意されたあと、不貞腐れた態度をとったからね。山口に殴らせるのも、前川が反撃するのもまずい。僕が出ていったほうがマシかと思った」

入団2年目の若手は2000年に8勝をマーク。2001年に12勝を挙げ、チームの勝ち頭になった。

「そのあとも、いろいろな騒ぎを起こしたけど、2001年はよく投げてくれた。シーズン途中に調子を崩したことがあって、ローテーションから外した。小林さんは『二軍で放牧する』と言ってたけど、それがうまくいった。二軍で鍛えるというよりも、いい空気を吸わせて、おいしい草を食べさせて、リフレッシュさせたら、そのあとも頑張った」

前川が防御率5・89で12勝を挙げた裏には、首脳陣のそんな工夫があった。

一緒のチームになった人を幸せにする

かつて私は、梨田の恩師である西本に若手の育成法について聞いた。西本門下生のひとりである梨田に与えた影響は大きかったはずだ。

西本はこう言った。

「はじめのうち、俺は選手をあまり区別しない。だけど、1カ月も一緒に練習をしておれば、

『この選手は見どころがある』とか『こいつはダメかな』というのがわかる。体の資質とか、頭の中身や性格がはっきりしてくれればね」

ここからが西本流だ。

「見どころがある選手については、きちんとした打ち込み方をさせて、それなりの給料をもらえるところまで仕上げなきゃいけない。それが俺のつとめだから。選手たちが将来、野球で飯を食えるように、家でも持って一人前の生活ができるようにするのが俺の責任だと考えてきた。そういう責任が指導者にはある。優勝するとかしないとかはあとの問題や」

そのためにどうするか。まずは戦えるだけの体力をつけさせる。技術を授け、最後に心を磨く。

「理にかなった練習をすることによって、まず体が違ってくる。いくら練習してもへばらない、1シーズン戦っても故障が少ない、持久力がついてくる。そうなれば、戦う気持ちもついてくる。体力、気力がついてきたら、今度は技術だよな」

プロ野球選手に与えられる時間は少ない。少しでも早く、一軍の戦力になることが求められる。

「だから、プロ野球の指導者は、回り道をさせたらダメなんだよ。的を射た教え方をせんといかん。回り道をしたあげく、いい方法を教えられずに5年くらいでクビになっていく選手がいくらでもいる。だから教えるやつがどうしたらいいかをわかっていて、選手をモノにしてやろうと愛情を持って、回り道させないように指導をする。プロ野球の監督やコーチは、そういう指導者の集団でなきゃいかん。体力、気力と技術を持った選手たち個人個人が集団になったとき、チームというものはものすごい力を発揮するようになるんや」

西本が近鉄のユニフォームを脱いでから、40年近くが経った。野球そのものも、野球選手の考え方も大きく変化している。しかし、いつになっても変わらないものがある。

「俺が『これ』と思った選手の指導には力を入れた。手を焼いて、途中でサジを投げるようなことはなかった。

俺と一緒に戦った選手で監督をやるのも多いし、コーチやフロントで活躍する人間もたくさんいる。野球以外の仕事で成功している人もいる。人間性というか、そういうものをつくれる時間だった」

〝頑固おやじ〟〝鉄拳〟のイメージのある西本が真意をこう説明した。

「俺は怒って手を出したみたいに言われることもあったけど、そういうことではないのよ。根本には、一緒に野球をやるやつには、みんなに幸せになってほしい。勝つとか負けるということだけじゃない。チームに入ってきた人間とは何らかの縁があるわけやから、どうにかして幸せになってほしい。そういう優しさみたいなものや」

粘って我慢するのが近鉄の野球

2000年に監督に就任した梨田を、西本は陰で静かに応援していた。

梨田が言う。

「西本さんはときどき、球場に顔を見せてくれました。『どうや？』というくらいで、ああしろ、こうしろとは一切おっしゃらなかった。2001年に優勝争いをしているとき、ある試合で初回に大量点を取られた。その日は曇りやったから、『雨が降るのを期待しようや』と言ったら、選手が笑ったんですよ。それでベンチが和やかになった」

その様子を西本がテレビで見ていた。

「何日後かに、西本さんが来られて、『おまえもたいしたもんやな』と言うから『何がですか？』と聞いたら、『よくもまあ、あんなときにニコニコ笑ってしゃべれるな。どこでそんなこと、覚えてん？』と言われました。あのときはベンチに悲壮感があった。でも、負けたってかまわん、やるだけやろうと選手を送り出したんです。そういう気持ちが西本さんには伝わったんやろうね」

恩師は優しく、見守ってくれた。

「試合についてはは何も言わない。僕を迷わすようなことは絶対に。西本さんの野球は、勝負を先に先に持っていく、粘りが身上やった。粘って我慢するのが西本野球でした。どこかでピッチャーを信用してなかったのか、とにかく打てるチームをつくった。4点差、5点差がつけば、普通ならあきらめる。でも、絶対にあきらめさせない。それが西本野球。2001年の近鉄もそうでした」

78勝のうち、なぜ41回も逆転勝ちがあったのか。

「僕はいくら負けていても『勝負は最後までわからんぞ』と言い続けた。とにかく、あきらめないことが大事です。人生だってそうでしょう。野球はゲームセットまで3時間以上あるけど、その間にいろいろなドラマがある。野球よりはるかに長い人生は、絶対にあきらめちゃいけない。西本さんからそういう教えを受けました。

2001年の日本シリーズで、西本さんが始球式をしてくれました。西本さんは日本一になっていない。近鉄もそう。僕は何とかして日本一になりたかった」

天から授かった才能だけで戦うのもいい。たとえ才能を磨かなくても、勝ちさえすれば。勝負の世界では勝つことが最重要視される。しかし、観客を集めて戦うプロ野球では、勝つだけでは十分ではない。勝つまでの努力、勝とうとする気持ちがプレイから見えたときに初めて、見る者の心が動く。思いは伝播する。記憶に残る。そして、いつまでも語り継がれることになる。野球ファンは勝利だけを求めているわけではない。

だから近鉄時代に西本はこんなコメントを残したのだ。

「なぜ、うちの選手にあれだけの練習をさせるのか。世の中には必ずしも日の当たる場所で働いている人ばかりではない。たとえ日の当たらないところでも毎日コツコツと努力している人は多い。その方々のためにも、努力していれば、いつかはきっと日が当たるんだ、そのことを証明したい」

石井一久に抑えられ打線が沈黙

2001年のパ・リーグを制した近鉄は、4度目の日本シリーズに臨んだ。相手は、若松勉監督が率いるヤクルトスワローズ。

ピッチャーには、12勝のエース・石井一久、14勝でセ・リーグ最多勝を獲得した藤井秀悟、抑えには高津臣吾、キャッチャーには古田敦也がいた。そのほか、宮本慎也、稲葉篤紀、アレックス・ラミレスという、のちに2000安打を放つ好打者や強打者を揃えていた。四番には本塁打、打点の二冠王になったロベルト・ペタジーニが座った。

総合力ではヤクルト、打力なら近鉄。そんな前評判だった。まだ、セ・リーグとパ・リーグの交流戦がない時代。何度も日本シリーズを経験しているヤクルトを倒すには勢いしかなかった。

過去、3度日本シリーズに臨み、いずれも3勝4敗で敗れた近鉄の負の歴史を払拭するチャンスが来た。

梨田が言う。

「僕が出た1979年も1980年も、3勝4敗で広島に負けた。仰木監督が優勝した1989年は3連勝したあと、4連敗した。それまでの借りを返すというか、悔しさを晴らしたかったんやけどね」

第1戦は近鉄の本拠地・大阪ドームで行われた。

近鉄の先発投手はパウエル、ヤクルトは石井一久。2回表、岩村明憲のタイムリーで先制点を許し、6回にはラミレスのスリーランホームランで引き離された。近鉄打線は7回裏ワンアウトまでノーヒット。北川博敏のライト前ヒットで大記録をまぬかれるのがやっとだった。8回までに12三振を奪われ、初戦を落とした。五番・礒部公一はノーヒット。「逆シリーズ男」として、最後まで苦しむことになる。

梨田が振り返る。

「石井一久に1安打で抑えられた翌日、ベンチ前で円陣を組んで、『完全試合でもノーヒットノーランでも、1敗は1敗や。のんびり行こう』と言った」

近鉄の先発は、8月と9月に3勝を挙げた岩隈久志、ヤクルトは藤井だった。近鉄は4回までに4点のリードを奪われたが、4回裏に中村紀洋のホームラン、5回にタフィ・ローズの犠牲フライで追い上げる。2対6で迎えた6回裏に大村のタイムリーと水口のスリーランホームランで同点。8回裏にローズのスリーランホームランで勝ち越した。三澤興一、岡本晃、大塚晶文とつないで逃げ切った。

1勝1敗のタイになり、再び大阪ドームに戻ってくることをファンに約束して、神宮球場に乗り込んだ。

しかし、敵地で3連敗を喫し、1勝4敗で敗れた。第3戦は2対9で完敗。第4戦は1対

2で、第5戦は2対4で競り負けた。

礒部のバットは最後まで火を噴くことがなかった。1本もヒットを打つことができなかった。

ヤクルトに丸裸にされた……

梨田が言う。

「短期決戦の日本シリーズは、ハマる人とハマらない人がいる。だけど、礒部があああなるとは思わなかった。悪い流れから抜け出せなかったね。ヤクルトの投手陣が特段によかったわけじゃないけど、打たせちゃいけないバッターに打たれてしまったね。

とにかく、はじめに石井一久にガツンとやられたのが痛かったね。どうしてかわからないんだけど、神宮球場は戦いにくかった。嫌な雰囲気だった」

神宮球場に乗り込む前に、梨田には悪い予感がなくはなかった。

「ヤクルトが試合で使っているサンアップ製のボールでバッティング練習をしたら、全然打球が飛ばない。うちのバッターの打球を見たときに、『大丈夫かなあ』とは思ったね。選手たちの調子が悪いのか、ボールのせいか……」

「逆シリーズ男」となった礒部も言う。

「シーズン中に打っているボールと違って、重くて、石を打っているような感じ。神宮球場は大きな球場ではなかったけど、それでも難しかったですね」

近鉄の本拠地の試合はミズノ製、神宮球場はサンアップ製のボール。それがどれだけ勝敗に影響したかはわからない。

第2戦でホームランを放った水口が言う。

「やっぱり、ヤクルトの選手は、野球がうまかった。強かったという印象です。おそらく、近鉄のデータは全部分析されてたやろうし、古田さんもいて丸裸にされたような気がしました。僕らからしたら、打ち勝つしか方法はなかったけど、全然打てない。完全に、メンタルをやられました」

礒部を筆頭に、ほとんどの選手は持ち味を発揮することなく、敗れた。

日本一になれなかったことをファンはどう感じたのか。

「B-CRAZY」の店主・浅川悟は言う。

「お客さんにはよく、『日本一になれなくて残念やったな』と言われますが、それは、違うんですよ。日本シリーズまで行って、全部負けるというのが近鉄なんですよ。中途半端に1

回くらい勝つよりも、ずっと負け続けのほうが近鉄らしい。豪快でカッコええんちゃうかな」

日本シリーズのドキュメント番組のことを、浅川はいまでもよく覚えている。

「そのなかで、礒部さんが駐車場で素振りをするシーンがあるんです。ユニフォームを着たままで。照明が落ちて、暗い中で、ずっとバットを振る姿を見て、『打てなくてもええやないか。これだけ一生懸命に頑張ってるんやから』と思いました」

近鉄にとって4度目の、梨田としては3度目の日本シリーズが終わった。当時、81歳の恩師に日本一になるところを見せられなかったことは、梨田にとって残念でならない。

「どうにかして、西本さんに近鉄が日本一を獲る瞬間を見てもらいたかった。そのために野球をしていたようなところがあるからね」

結果的には、この日本シリーズが近鉄にとって、日本一になる最後のチャンスだった。

「日本シリーズでは勝てなかったけど、近鉄はいい球団だったと思う。けっこう、選手には自由が許されていて、放牧されていたような気がする。ゆるい規制のなかで、個性を生かし、長所を伸ばししていった。

選手ひとりひとりが、自分の個性をどうアピールするかを考えていたと思う。長所を伸ばせる環境にあったことが、チームとしての強みだった。みんながノリノリで、〝いてまえ〟

でね」

選手として2度、監督として1度日本シリーズを戦った梨田は言う。

「選手時代の優勝はもちろん、うれしかった。だけど、監督としての優勝はまた格別でした。全員で喜べることがこんなに幸せなのかと思ったね。選手、コーチはもちろん、裏方も、家族も、そのほかいろいろな人も。その代わり、負けたときは全部、監督の責任。本当に大変な仕事だと感じました」

梨田はこのあと3年間指揮をとり、近鉄最後の監督となった。

TAKUMI
KAWAJIRI
11

2004年9月27日、ヤフーＢＢスタジアム。近鉄、55年の歴史の最後の試合。試合は敗れたが、当時オリックスの吉井理人や大島公一ら近鉄ＯＢも混ざって梨田昌孝監督を胴上げした。

TN	1	2	3	4	5	6	7	8	9	10	T
	0	0	0	3	1	0	0				
	1	0	0	0	0	0	1				

「できる限り長く野球を続けたい。
近鉄の選手だった誇りを持って
プレイしていくつもりです」

7回裏

岩隈久志
(2000-04)
の近鉄魂

Iwakuma Hisashi

いわくま・ひさし／1981年生まれ、東京都出身。99年、ドラフト5位、2000年、入団。01年、後半から先発に定着しリーグ優勝に貢献。05年、楽天入団。12年シアトル・マリナーズ移籍。19年、巨人入団。NPBではMVP1回、沢村賞1回、最多勝・最高勝率2回、最高防御率1回など。メジャーでは野茂英雄に続く日本人2人目のノーヒットノーランを達成。

近鉄バファローズのユニフォームを着てリーグ優勝した選手で、いまも現役を続けているのは、岩隈久志ひとりしかいない。

堀越高校時代に甲子園出場の経験はないが、190センチの長身右腕は将来性を買われて指名を受けた。

東京都東大和市出身の岩隈にとって、大阪はなじみが薄かった。

「高校3年間、野球漬けだったので、プロ野球を見る時間がありませんでした。近鉄という球団について印象があまりなくて……選手の名前もよくわからなかった。指名を受けた瞬間に思ったことは『ああ、大阪かあ……』でした」

旅行で訪れたことはあるが、自分が働く場所として実感は湧いてこなかった。

「でも、プロ野球選手になれたという思いがあって、何もかもが新鮮でした。興奮していましたね。右も左もわからないから、言われるままに練習して、ご飯を食べてという感じ。ずっとあとで、アメリカで生活しはじめたときの感覚に似ています」

はじめは言葉にもなかなか慣れなかった。

「高校生が社会人になるだけでもすごいギャップがありましたが、関西弁が僕にはキツく感じたし、早口で聞き取りづらかった。何を言われているのか、わからないこともあって……。新人でも大学出の人はすぐになじむのに、高卒の4人はなかなかチームに入れずに、先輩たちのことを怖く感じていましたね」

礒部から教わった食べることの大切さ

入団当時、高校時代に華々しい実績のない岩隈に期待する者は多くはなかった。体づくりが最初の課題だった。

「スカウトの人にも、『はじめは走るのが仕事』と言われました。もちろん、1年目は一軍で投げることなんか考えられませんでした」

梨田昌孝監督1年目の2000年、近鉄投手陣のチーム防御率は4・66（リーグ4位）だったが、岩隈が一軍に呼ばれることはなかった。

しかし、そのシーズンオフに行われた黒潮リーグで、いきなり頭角を現した。そのときにマスクをかぶったのが、キャッチャー・礒部公一だった。

礒部が言う。

「日本シリーズを控えた読売ジャイアンツと対戦することになり、僕がボールを受けました。『将来のエースになるピッチャーだから』とコーチに言われた記憶があります。『若いのにすごいボールを投げるな』というのが第一印象です」

岩隈は、日本シリーズの調整に訪れた巨人の強力打線を封じ込めた。

礒部が続ける。

「ストレートとスライダーだけで、ほぼ完璧に抑えました。『来年は必ず一軍に上がってくるだろうな』とそのときに思いましたね」

最下位に終わった近鉄の投手陣に、10勝したピッチャーはひとりもいない。前川勝彦が8勝13敗、門倉健が7勝9敗、山村宏樹が6勝9敗。先発投手の誰も、貯金をつくれなかった。だからこそ、若手の台頭が望まれていた。

岩隈はその試合のあと、礒部と焼肉屋に行って、プロのすごさを思い知らされた。

「礒部さんと赤堀元之さんの食べる量、ビールを飲むペースの速さにびっくりして……。プロの一流選手はこんなに食って、飲むのかと、衝撃を受けました。本当に驚きました」

プロ野球では、食の細い選手は大成しないと言われるが、岩隈の想像を超えていた。

礒部は身長174センチ、リリーフ投手として活躍した赤堀は身長182センチと、プロ野球選手の中では大柄ではない。その分、大量に食べて飲んで、プロの体をつくっていた。

気持ちをこめて思い切って投げる

19歳の岩隈にとって、一軍はまだ遠かったが、黒潮リーグで最速149キロのストレートで巨人打線を抑えたことで明確な目標ができた。

2001年は一軍で投げる!

翌年春、一軍メンバーとしてキャンプを経験した岩隈は、ひそかに手応えを感じていた。

「スカウトの人やコーチに『3年間は陸上部だから』と言われていたこともあって、一軍は別世界のように思っていたんですが、もしかしたら、チャンスがあるかもしれないと思いました」

2001年の近鉄も、投手陣に不安を抱えていた。前川、門倉という経験のあるピッチャーはいるものの、安定感には乏しかった。〝いてまえ打線〟が奪ったリードを救援陣が総出でなんとか持ちこたえて勝利を積み重ねていたが、苦しい戦いを強いられていた。

岩隈は5月29日の日本ハムファイターズ戦でリリーフ登板し、初勝利をマークした。6月10日に初先発したあと、二軍落ち。

8月19日の福岡ダイエーホークス戦で先発初勝利をおさめた。岩隈が挙げた4勝がなければ、近鉄の優勝はなかったはずだ。

「初めて先発登板したとき、3回で5点も取られて降板したんですけど、簡単に打たれてしまったんです。そのとき、投手コーチの小林繁さんに『かわすんじゃなくて、もっと気迫のこもったボールを投げるように』と言われました。一軍では『うまくやろう』じゃダメなんだと思いました」

岩隈は二軍で心と体を鍛え、優勝争いをするチームに加わった。

「優勝争いしているときだったので、ものすごく緊張しましたが、『気持ちをこめて、思い切って投げよう』と思いました。キャッチャーの古久保健二さんのミットだけを見て」

背番号48の岩隈が、疲労の色の濃いチームの救世主となった。

「リリーフで1勝、先発で3勝、完封勝ちもできました。1試合1試合を、ただ必死で投げました。キャッチャーの古久保さんや野手の方に声をかけていただいたおかげで、いいピッチングができました」

打線が点を取ってくれるという信頼感

優勝を争う緊張感のある戦いを通じて、岩隈はピッチャーとして大切なものをひとつひとつ身につけていった。ローテーションに加わったのはシーズン終盤の1カ月ほどだが、貴重な経験だった。

「ほかではできない勉強ができました。優勝を目指すチームの雰囲気をマウンドで味わえたのは僕にとって大きかった。ものすごく緊張しましたが、その後の財産になりましたね」

岩隈のうしろには、〝いてまえ打線〟がいた。これほど頼りになる存在はなかった。

「自分の力で抑えようなんて気はさらさらありません。『目の前のイニングをしっかり抑えよう。そうすれば打線が点を取ってくれる』。そう信じて、無心で投げました」

当時は「試合をつくる」という言葉はあまり使われることがなかった。岩隈は何の計算もせず、「気迫をこめて」投げ続けた。

「打たれちゃいけないと思って、投げました。1イニング、1イニングが必死でしたね」

近鉄自慢の〝いてまえ打線〟が放つホームランに、登板のないときの岩隈は心を躍らせた。まるで、野球少年のように。

「大差で負けている試合を追いついたり、逆転したり、すごいことばかりでした。代打で出た人がホームランを打つことなんかなかなかありませんが、あの年の近鉄では、めったにないことが毎日のように起きていたという印象があります」

岩隈はそれまでの野球人生で経験したことのない波の中にいた。

「とにかく、チームの勢いがすごくて、僕もそれに乗せてもらった感じです。毎日が刺激的で、本当に楽しかった」

1日でも長く一軍にいたい。少しでもチームに貢献したい。岩隈はそう考えていた。

「もう二軍には落ちたくないと思いました。一番の若手に先輩のみなさんが優しくしてくださったおかげで、優勝を味わうことができました」

シーズン終盤、岩隈はチームにいなくてはならないピッチャーになっていた。日本シリーズの第2戦で登板したことがそれを証明している。

礒部が言う。

「岩隈の存在感がどんどん大きくなっていきまし

た。若いけど、本当に頼りになるピッチャーだった」

2004年の大混乱の中で開幕から12連勝

プロ3年目の2002年、岩隈は開幕から一軍で投げた。23試合に登板して8勝7敗、防御率3・69、2003年は15勝10敗、防御率3・45、リーグトップの11完投を果たすなど、エースと呼ぶにふさわしい成績を残した。2004年には初めて、開幕投手を任された。

「その年は球界再編問題が起こって、いろいろと大変でしたが、僕はまだ若かったので、一生懸命にあがきながら投げていたという感じです。チームを背負うエースだという気負いはありませんでした。キャンプのときにネーミングライツ（球団命名権）の話が出ても、僕は気にしていなかった」

その年は球団存続のための署名運動、プロ野球選手会による初めてのストライキなど激動のシーズンだった。それでも、岩隈は開幕から12連勝。15勝2敗、防御率3・01、勝率8割8分2厘という成績を残し、最多勝利と最高勝率のタイトルを手にした。近鉄に在籍した5年間の成績は80試合に登板し、42勝21敗、防御率3・47。

近鉄が合併されるに際して、岩隈はオリックスに〝分配〟されたが、入団を拒否。東北楽天ゴールデンイーグルスに金銭トレードされた。

「近鉄の5年間で一番濃かったのは、やっぱり優勝した2001年ですね。自分の初勝利、初完封、北川博敏さんの代打満塁サヨナラホームランとか、思い出はたくさんある。毎日が充実していたし、ものすごく熱かった」

2005年以降、岩隈は新球団・楽天のエースとして、7年間で65勝をマークした。2008年に21勝4敗、防御率1・87という成績でMVPに選ばれ、2度目の最多勝利と初めての最優秀防御率のタイトルを獲得している。

2012年に海外FA権を獲得してシアトル・マリナーズに移籍し、メジャーリーグで63勝を挙げた。

「楽天に移籍したあと、気持ちを入れ替えました。応援してくれる楽天ファンのために投げようと。そういう期待に応えなきゃいけないピッチャーになったという自覚はありました。

メジャーリーグに行って、さらに高いところを目指してプレイしました。その気持ちは巨人でプレイしているいまも持ち続けています。近鉄時代、自分がメジャーで投げることは想像もできませんでしたが」

近鉄で最後のリーグ優勝を経験し、楽天でも一緒にプレイした礒部が言う。

「初めて黒潮リーグでボールを受けたときからすごいピッチャーだと思っていましたが、2001年はピンチを救ってくれたし、楽天では誰もが認めるエースになった。メジャーでも活躍してくれて、僕たちも誇らしい気持ちです」

やるときはやる！　豪快な集団

20歳でプロ初勝利を挙げた岩隈も、38歳になった。野球選手としての集大成の時期が近づいている。日米で20年もプレイしてきたが、近鉄の先輩から受けた衝撃が忘れられない。

「近鉄の先輩方の体つきは本当にすごかった。いまの選手は栄養を考えたり、サプリメントをとったり、計画的にウエイトトレーニングで体をつくったりしていますが、昔の人は、と言ったら怒られるかもしれないけど（笑）、強さが違ったような気がします。メンタルもそう。ちょっとやそっとのことでは動じない、へこたれない強さがありましたよね」

近鉄の〝いてまえ打線〟には数値に表れないたくましさがあった。

「近鉄の先輩たちはやんちゃというよりも、豪快でした。そういう人たちと一緒に野球ができて、楽しかった。はじめは見た目と関西弁が怖くて、違う世界の人に思えましたけど（笑）。

みんな、やるときはやる！　それも豪快に。そのメリハリが近鉄のよさだったんじゃないでしょうか。そのチームの一員になれたことは本当にうれしい。

振り返ると、近鉄には小さくまとまってしまう選手はいなかったですよね。個性を生かし、長所で勝負する集団だったと思います。それで、ひとつにまとまったときは本当に強い。僕がメジャーリーグに行ったのは、はじめに近鉄で豪快な野球に触れたからかもしれません」

近鉄でプレイしたこと、近鉄最後の開幕投手だったことを胸にしまい、岩隈はまだまだ投げ続ける。

「近鉄で学んだこと？　なんだろう……勢いの大切さですね。はじめは関西のノリが怖かったけど、チームがひとつにまとまるときの勢い、勝負を動かす勢いを学びました。

だからこそ、試合の流れを止めないように、勢いに乗れるようなピッチングを心がけてきました。まわりの人からは淡々としているように見えるかもしれないけど（笑）、いつも気迫をこめて投げています。

いまは、できる限り長く、野球を続けたい。近鉄の選手の誇りを持ってプレイしていくつもりです」

8回表

2004年の
近鉄バファローズ

*KINTETSU BUFFALOES
CHRONICLE 2004*

合併交渉、ストライキをめぐる
それぞれの想い

2001年にリーグ優勝を果たした近鉄バファローズの選手たちは、そのオフの契約更改で高年俸を手にした。

翌年にFA権を獲得すると見られていた中村紀洋に対して球団は6年推定約35億円を提示したが、それを拒否し、推定年俸5億円+出来高1億円の単年契約を結んだと報じられた。五番打者として、打率3割2分0厘、17本塁打、95打点の好成績を残した礒部公一の年俸は、4000万円から9000万円まで上がっている。

FA制度、代理人交渉などによってプロ野球選手の立場は強くなり、待遇はよくなった。球団経営が思うようにいかず、毎年30億もの赤字を出すと言われた近鉄も例外ではなかった。

そのころの球界の動きについて、西本幸雄はこう警鐘を鳴らしていた。

「1980年ごろからアメリカではものすごい金額が動いていたけれど、日本はまだそうではなかった。そのうちに、アメリカ式の考え方が入りこんできたよね。FA、複数年契約、インセンティブ（出来高制）……そんなもんが横行して、日本の野球が続いていくわけがないんや。そうしちゃダメなんだよ。どれも、経営者の負担になるものばかりや。そういうことを許してしまったところに球界の問題がある」

しかし、時代は変わる。FA移籍も複数年契約もインセンティブも、2000年ごろには当たり前になっていた。

資金力にモノを言わせて戦力アップをはかる球団が覇権争いをするなかで、近鉄はそれらの球団とは一線を画していた。いや、そうせざるを得なかった。FA権を得た他球団のスター選手獲得に動くだけの資金がなかったからだ。

「そもそも、近鉄バファローズは、景気のいい球団ではなかった。ただ、親会社の近鉄という企業の土台はしっかりしていた。社外の信用もあったし、我々のような選手やスタッフも球団が立ちゆかなくなるなんていうことは少しも考えなかった。

球団経営の仕方が堅実だった。野球に関して、バカなマネーゲームをすることもない。選手補強の面でも、真っ当な投資をしてきたと思う」

しかし、2000年に入ってから、親会社である近鉄の経営不振が伝えられるようになっていた。関係者やファンにとって、身売りは現実味のある話だった。

西本が選手としてプレイした毎日オリオンズは1958年に大映ユニオンズと合併して、大毎オリオンズに変わった。1963年から1973年まで監督をつとめた阪急ブレーブスは1988年10月にオリックスに売却されている。

「俺が監督になった時代も近鉄は強い球団ではなかったし、人気のあるチームではなかった。

会社は、地域社会への貢献、会社の宣伝という意味もあって球団を持っているということだった。少しぐらいの赤字も、宣伝という意味で考慮してくれるかなという感じでやっとったね。プロ野球の世界では、身売りということもありうると思っていたけれども、近鉄に関してはそんな疑いを少しも持たなかったよ」

負けがこんでくると観客が減る

近鉄がネーミングライツ（球団命名権）の売却を発表したのは、2004年1月31日だった。キャンプ地の宮崎県日向市に入ったばかりの選手たちを驚かせた記者会見の内容は、2001年に優勝した際のPR効果として算出した361億円の10分の1に当たる36億円で球団名を売却するという衝撃的なものだった。30億円以上の年間赤字を解消するための窮余の策だった。

永井充球団社長は記者会見で「営業活動ははじめている。6月くらいには契約したい」と語ったが、他球団のオーナーから猛烈な反発を受けた。

球団名だけの売却に関して、読売ジャイアンツの渡辺恒雄オーナー（当時）は「明らかな協約違反だ」と激怒し、西武ライオンズの堤義明オーナー（当時）も「経営が苦しいのはわかるが、パ・リーグのイメージダウンにならないようにしてもらいたい」と語った。

球団代表だった足高圭亮は、翌日から春季キャンプをスタートさせるため、監督の梨田昌孝らと宮崎入りしていた。

「近鉄グループが全体的に苦しい時期だったのは事実。でも、本拠地も変わらず、球団経営も引き続き近鉄がやるという説明だったので、まさかあとでオリックスと合併する方向に行くとは思わなかった」

２００３年の近鉄球団は、入場料、放送権料などで約35億円の収入があった。選手年俸などの人件費が23億円、大阪ドームの使用料など支出があり、その差はマイナス約50億円。本社からの広告宣伝費として補塡される10億円を除いても、赤字は約40億円もあった。

経営に苦しむ近鉄グループが球団を切り離したくなるのも理解できなくはない。

梨田は言う。

「昔は、関西に電鉄のチームがパ・リーグだけで３つもあったけど、残ったのは近鉄だけ。ネーミングライツの話が出たころから、『ひょっとしたら何かあるのかな』ということはちょっとだけ頭にあった」

ところが、消えたはずの売却問題は、〝球団合併〟に形を変えた。6月13日、近鉄バファローズとオリックス・ブルーウェーブが合併することで合意したとの発表が行われた。6月21日の実行委員会、7月のオーナー会議で承認されれば、パ・リーグは5球団になる。近鉄の選手だけでなく、球界全体を震撼させる発表だった。

足高が言う。

「最後は経営者が野球を好きか、嫌いかということじゃないですか。あのときの経営者は野球が好きじゃなかった感じですね。

もちろん、近鉄グループにはたくさんの近鉄バファローズファンがいました。試合の勝ち負けが翌日の職場で必ず話題に上がったもんです。鉄道の車掌や切符を切る係の人が『昨日はおしかったなあ』『礒部が打ったら勝っとったのにな』と。近鉄グループの朝の始まりは、野球の話からでした。球団がなくなったら『何の話をすんの?』という感じやったと思います」

近鉄グループには約200社があり、従業員は約3万人。家族を含めれば、何倍にもなる。

「僕らからしたら、近鉄グループだけじゃなくて、大阪という街を取り込みたかった。でも、勝っているときはいいけど、負けがこんでくるとお客さんの足が遠のいてしまう。そこはシビアやったね。経営側からしたら、厳しかった」

大阪ドーム元年の1997年は、年間の観客数が180万人を超えた。優勝した2001年は約159万人を集めたが、120万人を割る年もあった。

近鉄の試合は全部、目に焼き付けたい

近鉄のネーミングライツに端を発した球界再編問題は、ひとりのファンの人生を変えた。のちに野球居酒屋「B-CRAZY」の店主になる浅川悟は、オリックスとの合併がニュースになったとき、大きな決断をした。

「僕はそのころ、業務用スーパーマーケットの店長をしていたんです。『近鉄がなくなるかも……』と聞いて、すぐにそこをやめることを決めました。仕事はほかにもあるけど、近鉄という球団はひとつしかない。『仕事なんかしてられへん』となりました」

だが、店舗の責任者を失うわけにはいかない。経営者は店長を必死に引き留めた。

「僕が『やめたい』と言ってもやめさせてくれない。理由を内緒にしてたから、『ほかのところから誘われてんのか、金か？』となって、2日ほど軟禁状態みたいになって……。本当の退社理由を話したらやめさせてくれることになったので、最後に言いました。『近鉄がな

くなるかもしれんから、最後まで試合を追いかけたいんです』と」

浅川にとって、仕事よりも近鉄が大事なことは明らかだった。

「正直に理由を告げたのに、全然、理解してもらえず……。『野球なら仕事が休みの日に見に行ったらええ』とか言われたんですけど、僕は近鉄の試合を全部、目に焼き付けたかった」

反対を押し切って仕事をやめた浅川はシーズン終了まで、関西で行われる近鉄の試合に駆け付けた。

「6月から9月まで、ほぼ全試合を見ました。チケットの半券は大切に持っています」

10球団で1リーグ制の動き

6月30日、ライブドアの社長(当時)だった堀江貴文が近鉄の買収に名乗りを上げた。だが、近鉄の球団代表の足高もついていけないほど、球界再編の波は激しく、急だった。一部の球団オーナーが主導して、水面下で「10球団での1リーグ制」に舵を切っていく。

7月のオーナー会議で、近鉄・オリックスの合併が承認されたが、西武の堤オーナーがもうひとつの合併話が進行中であることを明らかにした。そのため、メディアでも10球団での

1リーグ制への移行が取りざたされるようになった。

当時は、まだ巨人が絶大な人気を誇っていた。巨人戦の中継はテレビ局にとって、ドル箱だった。そのおこぼれにあずかりたいという思惑がパ・リーグの球団にはあった。

巨人の渡辺オーナーの発言が飛び出したのは、7月8日。オーナー側との対話を求める日本プロ野球選手会会長の古田敦也に対してこう言い放った。

「分をわきまえないといかんよ。たかが選手が。たかがと言っても、立派な選手もいるけどね。スト？　どうぞやったらいい」

この発言が波紋を大きく広げることになる。

山が動きはじめた。

7月10日、選手会が臨時大会を開き、合併が強行された場合のストライキ決行の可能性があることを決議した。

8月7日、ダイエーとロッテが合併に向けた交渉を行っていたことが明らかになった。

8月10日、近鉄とオリックスが合併に関する基本合意書の調印、8月27日には合併契約書に正式調印した。

8月19日には、ライブドアが新球団の結成を発表している。

もう近鉄1球団だけの問題ではない

近鉄の選手会長だった礒部は、シーズンはじめ、事の重大さに気づいていなかった。

「ネーミングライツが話題になったときも、オリックスの二軍が『サーパス』になったみたいなものかなと。親会社が代わることはいままで何度もあったことは知っていましたし」

しかし、身売りではなく、合併という流れになった。2球団がひとつになれば、当然、選手もスタッフも働き場所を失ってしまう。

「球団がなくなってしまうことは許せなかった。それも、12球団を10球団に減らす動きでしたから。何ができるかわかりませんでしたが、選手会の立場で関西の企業に『買ってもらえませんか』と頭を下げたこともあります。どうにかして、合併だけは避けたかった」

各球団の責任者が集まる会議に出席する足高も眠れない日々を過ごしていた。

「あのころは本当につらかった。『球団がなくなるなんてウソやろ?』という個人的な思いはあっても、僕も組織の人間だから、どうにもしようがない。上が決めたことには従うしかない。個人的な気持ちとは関係なく、合併の方向でどんどん話が進んでいく」

選手や球団フロントの混乱をよそに、会議は進む。高齢者ばかりの出席者の中で、50代になったばかりの足高が身を縮めるように座っていた。

「まず、近鉄のせいでこんな騒動になったことに関して、申し訳ないという気持ちがありました。これだけ揉めたのは近鉄のせい。雰囲気的には『おまえんとこの球団のせいで、こんなことになって……』という感じでした」

もし、はじめの段階でしかるべき企業を相手に身売りを決めていれば、これほどの混乱はなかったかもしれない。ネーミングライツから始まった騒動は、当事者の手を離れていった。

「もしかしたら、もう1球団が消滅していたかもしれない。そう思うと本当に恐ろしい」

そんな混乱の中で、球団フロントと選手が対立することはなかったと礒部は言う。

「足高さんとも『いま、どんなことになってるんですか?』『こうしたほうがええかもしれんな』と話していました。足高さんが僕たちの立場を理解してくれて、本当に心強かった」

初めてのストライキ決行で空気が変わった

9月15日、楽天がプロ野球の球団経営に参入する意向があると発表した。

9月16日、臨時実行委員会が開かれ、合併凍結がないことが再確認された。この時点で、近鉄バファローズが事実上消滅することが決定的になった。

この間、合併反対、新規参入を巡って、日本プロ野球選手会が日本野球機構（NPB）と団体交渉を行ったが合意に至らず、9月18日、19日には日本プロ野球界で初めてのストライキが行われた。

足高が言う。

「ストライキをすると決まったとき、冷静に受け止めることができませんでした。自分たちのせいで……申し訳ない……そんな気持ちで」

現場を預かる監督の梨田は、ストライキ決行の知らせを聞いて驚いた。

「もともとパ・リーグの問題だから、セ・リーグの球団の選手まで関わってくれるとは思わなかった。札幌ドームでの試合中に『ストライキ、やります』と聞いたんかな。パ・リーグのためによくやってくれたと、心の中で拍手を送りました」

プロ野球選手会がストライキを決行することに対して賛否はあった。だが、この行動によって、世論は動いた。

梨田は続ける。

「結果的に、合併がひとつだけで済みました。10球団で1リーグになっていたら、日本のプロ野球がどうなっていたかはわからない。東北楽天ゴールデンイーグルスという球団が生まれることはなかっただろうね。2試合のストライキだったけど、その意味は大きい」

札幌から飛行機で伊丹空港に降りた近鉄の選手たちを報道陣が囲み、先頭を歩く梨田にカメラが向けられた。

「あのときは、犯罪者になったような気持ちだった。パシャパシャ写真を撮られたから。『俺たち、何か悪いことでもしたんかな……』という気になった」

日本プロ野球で初めてのストライキはファンに支持された。オーナー側も、それを無視できなくなった。

9月23日、労使間で、来シーズンからの新規参入に前向きな項目を含む7項目の合意書が調印され、今後のストライキが回避された。

これによって、12球団による2リーグ制が維持されることになった。

世間の関心は、どこが新球団を持つかに移っていく。

10月6日、新規参入を表明したライブドアと楽天に関するNPB審議委員会による第1回公開ヒアリングが行われた。

11月2日、オーナー会議が開かれ、楽天の新規参入が全会一致で可決された。

11月15日、実行委員会で、ダイエーがソフトバンクに球団を売却することが承認された。

あのときのことは思い出したくない

近鉄の選手会長として働き続けた礒部の精神的、肉体的な疲労は相当なものだっただろう。それでも、120試合に出場して、打率3割0分9厘、26本塁打、75打点をマークしている。26本塁打は、礒部のキャリアで最高の本数だ。

外部との交渉などを礒部に任せ、試合に専念していた選手たちも複雑な思いを抱えていた。

ベテランの水口栄二は言う。

「僕はもう30半ばにさしかかっていたから、最後まで近鉄でプレイして引退するんやろなと思っていました。まさか球団がなくなるなんて想像してなかったから」

そんななかでも、水口も好成績を残した。118試合に出場して、打率2割9分3厘、6本塁打、40打点を挙げ、リーグ最多の27犠打を記録している。

近鉄とオリックスが合併し、仙台に楽天が新球団をつくる。これまで通りの12球団による

2リーグ制が維持され、最悪の事態はまぬかれたが、混乱は続いた。

11月8日、近鉄とオリックスが合併して誕生する「オリックス・バファローズ」がプロテクト（優先保有）した25選手を除く82選手を2チームで分け合う「分配ドラフト」が行われ、近鉄の選手はオリックスと楽天に分かれた。水口はオリックスに移籍することになった。

「プロ野球選手に、移籍や解雇はつきものです。それは仕方がないこと。でも、あのときは合併でしたからね……どこでやっても野球は野球。そう思っても、心の中は複雑でした。自分の家がなくなった。帰る家がなくなってしまったわけやから、さびしかった」

イチ選手にすぎない水口は無力感を覚えていた。

「もう、なるようにしかならんと思っていました。ひとりの選手の力では、どうにもしようがない。礒部に任しました。引っくり返せるもんならそうしたかったけど……」

2004年は、水口にとっていい思い出はない。

「ずっと複雑な思いでプレイしてましたね。あの1年は、思い出したくない。この前、合併について新聞の取材を受けたんですけど……10分くらいで帰ってもらいました。あのころのことを思い出すのは、いまでも本当に嫌ですね。あのあと、近鉄の選手もコーチも、裏方さんも、ふたつのチームに分かれることになってしまったから」

ベテランの心にも傷を残す1年間だった。

球団代表の足高は、スタッフの処遇で悩んだ。

「選手は個人事業主ですから、実力さえあればどこかの球団が取ってくれる。でも、スタッフはそうはいかんから。『どうすんねん……』と、悩みました。全員がオリックスに行けるわけではないしね」

近鉄という球団がなくなること、チームを愛したスタッフが働き場所を失うこと。そのふたつの事実が足高を苦しめた。

「日本のプロ野球にとって、あのときは最大の危機やったと思います。それを自分の球団がつくり出してしまったことに対する申し訳なさ、どうにもできない無力感……近鉄という雰囲気のあるチームがなくなることのさびしさがありました」

55年の歴史を持つ近鉄という球団が消えてなくなる日が迫っていた。

2004年7月4日、大阪ドーム。近鉄買収に名乗りをあげていたライブドア（当時）の堀江貴文社長が観戦。買収はできなかったが、この動きから楽天がプロ野球に参画することに。

買収歓迎
救

8回裏

足髙圭亮（1994-2004）の近鉄魂

Ashitaka Keisuke

あしたか・けいすけ／1953年生まれ、奈良県出身。76年、近鉄日本鉄道株式会社に入社。営業企画部、宣伝部などを経て、94年、近鉄バファローズに出向。その後、選手との交渉にあたる編成部長、管理部長などを歴任。2004年3月、球団代表に就任。06年より奈良国際ゴルフ倶楽部支配人をつとめている。

「近鉄は恋人。ケンカするときもあるけど『おまえがおらんとあかん』という存在です」

のちに近鉄バファローズ最後の球団代表になる足高圭亮は、奈良県の近鉄沿線に住む野球少年だった。1960年代は読売ジャイアンツが絶大な人気を誇っており、奈良でも「野球は巨人」だった。

「近鉄沿線に住んでたから、近鉄がプロ野球の球団を持っているのは知っていました。でも、テレビで見ることもないから、選手の名前を知らない。エースの鈴木啓示さんの顔がわかるくらいで」

親戚に連れられて日生球場に行ったのが初めてのプロ野球観戦だった。

「その日はナイターで、照明がキラキラしとって、『きれいやなあ』と感動したのを覚えています。ものすごくワクワクして、ドキドキもした。

社会人になって近鉄という鉄道会社に入って、大人になってから球場に来たときには『どんだけ汚いねん』と思ったけどね。子どものころに見たナイターのすばらしさは、いまでも心に残っています」

高校まで野球を続けた。近鉄入社後、配属された営業企画部の中に宣伝部があった。

「もう、やかましいくらいに近鉄バファローズの話をしていたもんやから、『そんなに言うんなら、球団に行ったら?』となりました。僕は野球が好きやったんで、喜んで行きました」

鉄道会社からプロ野球の球団へ。同じ近鉄グループ内の異動ではあったが、畑も違えば、働き方も違う。40代の足高に戸惑いはなかったのか。

「そのあたりは大丈夫でした。近鉄という会社は、鉄道会社の中でも特に堅いと言われるところでしたが、球団にはスーッと入っていけました。それは、人の出会い、つながりを大事にしたからだと思っています。

主役は選手、その選手を支えるスタッフ。彼らを大事にしないとあかんと思っていました。そういう考えが受け入れられたからじゃないでしょうか。僕に違和感はなかった」

大阪の人に愛されるチームに

近鉄は1997年、本拠地を大阪ドームに移したことで、過去最高の観客動員を記録した。ユニフォームを変え、イメージを一新しようと考えた。チーム名も、1999年からは「大阪近鉄バファローズ」になった。

「大阪ドームは球団にとって、ものすごいインパクトでした。藤井寺球場のキャパシティと比較すれば、倍の人数が入る。非常に刺激的でした。勝てば勝つだけ、お客さんが入ってくれる。大阪市ともうまく連携ができていたし、『もっと頑張らなあかん』と思っていました」

2000年、足高と同い年の梨田昌孝が監督に就任した。同世代の小林繁と真弓明信がコーチとして脇を固めた。

「前の年が最下位でした。タレントの島田紳助さんがキャンプ地の日向まで来てくれて、『もし、今年も最下位だったら、4人で坊主にして』と言う。みんな、『最下位になんか、なるわけない』と思って約束したんやけど、見事に最下位。4人揃って、坊主頭になりましたわ（笑）」

そのエピソードが笑い話になるのは、翌年、最下位からリーグ優勝を果たしたからだ。

大阪ドームを本拠地にして以降、足高は大阪に住む人に愛されるチームをつくろうとしていた。中村紀洋を中心とした若いチームの成長を感じていた。

「大阪という地域全体に応援してもらえるチームにしたい。その目標に向かって、選手と球団とファンが一体になれるように。少しずつ、手応えは感じていました」

最下位に沈んだチームから、戦力的な上積みはほとんどなかった。しかし、2001年は福岡ダイエーホークス、西武ライオンズの三つ巴の優勝争いを制し、リーグ優勝を成し遂げた。

「選手たちの中に溜まっていたものを、監督やコーチがうまく引き出したからじゃないでしょうか。ひとりひとりが成長することで勝ち取った優勝だと思う。選手とスタッフが同じ気持ちになるのは本当に大事だと、あの年改めて感じました。それが力になる」

質、量ともに十分ではない投手陣を投手コーチの小林がやりくりし、〝いてまえ打線〟が失点をカバーして勝ちあがっていった。

「あの年は、ほんまによく打ったもんね。とにかく、打った。やられたら、倍にしてやり返す、大阪っぽいチームができたと思っていました。やってる選手は大変やったろうけど、見ている人間からすれば面白い。『チームが一体になっとるな』と感じていました」

しかし、リーグ優勝からわずか3年、近鉄という歴史のある球団は幕を下ろすことになる。

「30億とか、40億の赤字があったと報道されたけど、それはほぼ正しい。でも、どうとらえるかですよね。宣伝費をいくら使っても、企業名があんなにテレビに出ることはないから。新聞やスポーツ紙でも毎日のように『近鉄、近鉄』と書いてくれる。記事になりやすい個性的な選手もたくさんいたしね」

ファンの支えがないとプロ野球は続かない

２００４年、親会社の近鉄は球団経営から手を引くという判断をした。球団代表の足高ができることは少なかった。

もし、あのとき「10球団による1リーグ制」に移行していたら、日本プロ野球はどうなっていただろうか。球界再編の波に飲み込まれた男は何を思うのか。

「あのとき、パ・リーグの球団の経営はどこも苦しかった。だから、巨人に頼ろうとしたわけです。でも、あのとき、1リーグ制にならなくて本当によかった。もう『巨人頼み』という思考はなくなりましたよね。

いまは、地域に根付いた球団がたくさんあります。札幌にも仙台にも、広島にも、福岡にも。地域の人たちの、地元のチームを思う力は本当に強い。四国にひとつ、北陸にもひとつ、沖縄にもあっていいいと思う。16球団くらいになればいい」

利益をすべての球団に分配する仕組みができれば、成功する可能性はあると足高は見る。

「昔と違って、テレビの地上波中継は少なくなりました。それでも、球場にはお客さんがたくさん入っているし、放映権料に頼らない球団経営ができるようになった。たとえば、いろいろな種類の記念ユニフォームをつくって選手に着させ、ファンに同じものを売るというような発想は、当時の僕らにはなかった。『試合用はホームとビジターがあればええやろ』と言うてたから」

プロ野球界をさらに発展させるためには何が必要なのか。

「これから100年、続いてほしい。日本人には、野球というスポーツが合ってますわ。大切なのは、それぞれの球団が地域性を出すこと、ファンを大事にすること。経営者は代わってもいいんです。このふたつを守ってくれれば。

僕は昔、プロ野球の主役は選手だと思っていました。それはいまも変わらんのやけど、ファンの存在が大きくなっています。ファンの支えがないとプロ野球は続かない。試合では真剣に勝負するけど、経営では各球団が助け合う、そういうプロ野球であってほしい。あのときの失敗を忘れないでほしい」

元近鉄の選手やスタッフのいまが気になる

あれから15年、足高は野球の世界から離れ、奈良国際ゴルフ倶楽部の支配人をつとめている。

「ずいぶん時間が経ちました。すっかり試合も見なくなったし、自分の意識では抜いているはずなんやけど、まだ僕の中には野球が残っとる。近鉄にいた選手やスタッフのことが気になりますよ。『いま、どうしてるやろか？』と」

元近鉄の現役選手は3人、コーチはさまざまな球団で活躍している。

「みんなが頑張っていると聞くと、やっぱりうれしい。まあ、バラバラになってしまったことについては、いまでも複雑な思いはありますけどね。『もし、近鉄でやってたらどうなってたんやろうか？』と」

足高はひとりで夢想することがある。

「礒部公一が監督になって、岩隈久志が投手コーチになって……とかね。大阪ではなくても、どこかでいいんです。そんなチームを見てみたいなあ。温かいチームを、みんなでひとつになって戦える集団をつくってほしいと思っています」

　梨田が監督をつとめた東北楽天ゴールデンイーグルスには、コーチの礒部をはじめとして元近鉄の選手がたくさんいたが、ひとりふたり抜けていった。

「梨田がまたほかの球団の監督をするチャンスがあるかもしれません。複数球団の監督をすることで見えてきたものがあると思う。彼はもう3球団、経験してます。年齢的にはまだ60代ですから、可能性がある」

10年先のプロ野球はどうなるか？

　足高が球団代表をつとめた時代と比較すれば、パ・リーグの地位は上がり、イメージがよくなった。ドラフト候補のアマチュア選手が「パ・リーグだから」という理由で入団を拒否することはもうない。

「人気でも選手の待遇でも、セ・リーグに引けを取らなくなったからです。それだけ、パ・リーグの球団が頑張ったということ。僕らの時代はスカウトから、『なんぼ誘っても無理です。近鉄はちょっと……パ・リーグは嫌やと言う』という報告が上がってきました。いまはそんなこと、ないでしょう。それぞれの町で応援してくれるファンがたくさんいるということは、本当にすばらしい」

　2004年の球界再編問題では、一部の球団オーナーが密室で方向性を決めていた。だが、これからはもっと開かれた議論が必要だと足高は考える。

「実務レベルの担当者が集まって、いろいろなアイデアを出し合ってほしい。球団の人間だけではなくて、メディアもファンも加わって。違う意見をぶつけ合う場があったらいい」

ひとつの球団だけでなく、プロ野球全体の利益につながること、よりよくなる仕組みについて考える時期に来ている。

「思いつきだけじゃあかんけど、先につながることをみんなで意見交換する場があればいい。若い子でも優秀なのがたくさんいるからね。彼らにも、任すところは任す。もちろん、代表者が集まって議論する場もないと困るけど」

時代が進んでも、野球界にはまだまだ閉鎖的な空気が残っている。それを吹き飛ばして、前に進んでほしい。

「10年先の日本プロ野球はどうなるのか？　野球界全体はどうか？　そこをしっかり考えてほしい。会議でも、酒を飲みながらでもいいからね。変わっていかんと、発展はないから。ちょっとずつは進んでるけど、もっともっと」

野球に捧げた大事な時間

最後の球団代表にとって、近鉄という球団はどんな存在だったのか？

「僕は近鉄のことしか知らんから、ほかとの比較はできません。近鉄とは何か？　……うーん、家族かな？　そう、家族やし……恋人とも言えるよね。ケンカするときもあるけど『おまえがおらんとあかん』という存在（笑）。

だから、それを失ったとき、2005年は残務処理ということで、半年くらい球団に残っていましたが、毎日、ぼーっとするばかりで、死んだような感じでした。『俺、何してんやろ……』と思いながら。みんなに、『申し訳ないなあ……』と」

その〝恋人〟と離れて15年。

「あのまま球団を続けたかったというのが僕の本音です。梨田とはいまでもよく会うんです。近鉄最後の監督、最後の代表という縁なのか何なのか、そういうものを感じます。最後の選手会長の礒部もそう。彼らの前ではいまでも自分をさらけ出すことができる」

親会社の近鉄にいたらできなかったことがたくさんある。

「平凡なサラリーマンのはずが、いろいろなことをさせてもらった。それは野球のおかげ。近鉄という球団があったから。あの十数年間は、つらいこともあったけど、野球に捧げた、本当に大事な時間でした」


いまも、足高には変わらぬ思いがある。

「僕はいまでも、近鉄が12球団で一番いいチームやったと思っています。主役の選手たちを支えるスタッフ、ファン、みんなが一体になって、いい感じやったんですよ。ほかのチームに移った人から『近鉄はいいチームやった』と聞くと、やっぱりうれしい。同時に、さびしいんやけどね」

最後に足高が言った。

「近鉄みたいなチームがあったらいいと思うんやけど、なんでできへんのやろう」

8回裏

足高圭亮の近鉄魂

9回表

2004年の
近鉄バファローズ

KINTETSU BUFFALOES
CHRONICLE 2004

最後の大阪ドームも
サヨナラ勝ち。
すべての背番号は永久欠番に

2004年9月24日、大阪近鉄バファローズの本拠地である大阪ドームに4万8000人のファンが集まっていた。

2対1で西武ライオンズがリードして迎えた5回裏、松坂大輔が二番手としてマウンドに向かった。日本プロ野球を代表するエースが登板したのは、最優秀防御率のタイトルを狙うためだ。1イニングを0点で抑えれば、ライバルである近鉄の岩隈久志の射程から逃れることができる。

予定の1イニングを三者凡退で抑えた松坂はしかし、6回裏もマウンドに上がった。バッターボックスでは、〝いてまえ打線〟の四番・中村紀洋がバットを高々と掲げている。

松坂がストレートを投げる。中村は空振り。球速表示は149キロ。

2球目のストレートをまたも強振。150キロ。

3球目。149キロのストレートは力なく、セカンドに転がっていった。

「ブルペンで悪ければ投げない」と語っていた松坂はなぜ、この日の登板を決めたのか。タイトルを引き寄せるために上がったマウンドで、被弾のリスクを冒してまで中村に真っ向勝負を挑んだのか。

それは、近鉄の最後のホームゲームだったからだ。まもなく消滅してしまうチームに対する敬意、最後のホームゲームを見るために大阪ドームに集まったファンへの思いがあった。野球を愛する者ならば、この日の大切さはわかるだろう。

満員のファンの声援に包まれて、試合は延長11回まで続いた。星野おさむの放った打球がライト線を破った瞬間、一塁側ベンチから選手が飛び出してきた。男たちの歓喜の抱擁は、ゆっくりと別れの儀式へと変わっていく。笑顔はすぐに泣き顔になった。

グラウンドには、その年限りで引退する加藤伸一、赤堀元之がいる。ケガから復帰したばかりの吉岡雄二、エースの岩隈、ベテランの水口栄二……球団の歴史に輝かしい足跡を残した主力選手、栄光を夢見て近鉄のユニフォームに袖を通した二軍選手たちも外野に向かう。サインボールを投げ込み、ファンに手を振る。選手たちの瞳からは、拭っても拭っても、涙が流れ落ちる。三塁側ベンチ前で、中村が松坂と抱き合った。「ありがとう」という言葉が漏れた。

岩隈はその瞬間をこう振り返る。

「試合後に球場を回ったとき、涙が止まらなくなりました。球団の歴史を考えたら、僕はそんなに長くプレイしたわけでもないのに、自分のチームがなくなると、こんな気持ちになるのかと……さびしくて、さびしくて」

そんなチームメイトを見ていた礒部公一は言う。

「ベテランはもちろん、在籍期間の短い若手も、本当に近鉄の一員になってくれたんだなとうれしくなりました。年数じゃないですよ。近鉄の色にみんなが染まってくれた証拠でしょうね」

グラウンドを回り終えた選手たちが、一、二塁間に整列し、ライトスタンドを背に記念撮影を行った。前列に座った礒部の胸には、この年の5月に急死した鈴木貴久二軍打撃コーチの遺影が抱えられている。

1月31日に勃発したネーミングライツ（球団命名権）の売却問題、6月13日にいきなり表面化したオリックスとの球団合併、リーグ再編問題に端を発した史上初めてのストライキ……さまざまな問題に揺れたプロ野球にとって、70年の歴史の中で大きな区切りとなる1日だった。

誰にも渡せなかった監督のバトン

この日の試合前、監督の梨田昌孝のところに、西本幸雄が訪れた。〝お荷物球団〟と揶揄され続けた弱小球団を2度のリーグ優勝に導いた名将は「ご苦労さん、しんどいことをさせてしもうたな……」とつぶやくように言った。

2000年に監督に就任した梨田にとって、西本は師匠であり、父親であり、恩人だった。西本からすれば、2連覇を果たしたチームのキャッチャーとして活躍した梨田はチームメイトであり、手塩にかけて育てた弟子になる。

梨田は言う。

「大阪ドームでの最後の試合、西本さんはわざわざ足を運んでくださいました。ねぎらいの言葉しかなかったですね。つらいことをさしたなあ、と。近鉄は最下位もあったけど、それなりに優勝も狙えるようになっていただけに……。84歳のご高齢なのに、顔を見せてもらって本当にありがたかったですね」

かつて、ともに優勝を目指して戦った師匠と弟子に、多くの言葉はいらない。

「たぶん僕もそうですけど、西本さんも少し涙ぐんではったように、目頭が熱くなっているように見えました。僕はこれまでに西本さんの涙なんか一度も見たことないけど、あのときはちょっとそうなっていた感じを受けましたね。『近鉄がなくなったら、さびしくなるやないか……』と言って」

55年の歴史を持つ近鉄球団は、2004年シーズン限りで幕を下ろした。オリックスと合併して「オリックス・バファローズ」になることはすでに決まっていた。野球ファンを魅了してきた近鉄バファローズはもう、この世から消える。

選手、コーチ、監督として29年間もそのユニフォームを着た梨田の胸中は複雑だった。結局、一度も日本一にのぼりつめることなく、チームは消滅する。

梨田は言う。

「近鉄の歴史は55年で終わったけど、西本さんは2回も優勝させた。1回はプレイオフまで行ったから、2・5回くらい。もし西本幸雄という監督がいなかったら、もうちょっと早く身売りしたんじゃないかという気がする。近鉄の歴史が55年まで延びたのは西本さんのおかげでしょうね。

僕は教え子やったから、西本さんが届かなかった日本一に、何としてでもなりたかった。2001年にリーグ優勝して日本シリーズに出たときには『冥土の土産に日本一になりますよ』と言ったんですが、できなかった。鈴木啓示さん、佐々木恭介さん、そして僕と、西本さんと一緒に日本シリーズに出たメンバーが監督をやってきた。今回、誰にもバトンを渡せなかった。これは本当につらい。合併については、どうにかならんかったんかという気持ちが強い。心残りがありますよ」

すべて近鉄バファローズの永久欠番だ

「みんな、胸を張ってプレイしろ。おまえたちがつけている背番号は、すべて近鉄バファローズの永久欠番だ」

試合前に梨田から聞いたこの言葉を、礒部はいまでも覚えている。

「試合前に選手を集めて、オーナーや球団社長が話をしたんですが、素直に聞けなかったというのが正直なところ。でも、最後に梨田さんの言葉を聞いて、選手はみんな、『よし！』と思ったんじゃないですか」

この日は完全ノーサインで試合を進めた。梨田の仕事は、選手を笑顔で見つめることだった。

梨田が言う。

「ピッチャー交代のたびにマウンドに行って、ボールを渡しましたよ。星野がヒットを打った瞬間『よかったな』と思った。最後のホームゲームだから胴上げされるつもりで待ってたのに、みんなが盛り上がって、それどころじゃない。誰も胴上げしてくれんのかと、ちょっとがっかりした（笑）」

梨田はこの3日後、オリックスとのシーズン最終戦のあと、神戸で5度、宙を舞っている。

延長11回、ワンアウト二塁の場面で星野がサヨナラヒットを打つのを、礒部はネクストバッターズサークルで見ていた。

「星野さんは、打つか打たないか迷っていたようです。僕に試合を決めさせようとして。こっちをチラチラ見るから、僕は『打ってください』と言いました。そうしたら、いい当たりが飛んでいきましたね。もちろん自分のバットで試合を決められれば最高だったんでしょうが、勝ったことが何よりうれしかった」

近鉄は奇跡を起こすチームだった

近鉄の選手たちはもちろん、梨田の胴上げを計画していたが、星野のサヨナラヒットで吹き飛んだ。

礒部が言う。

「この試合の前に、梨田監督を胴上げしようとみんなで相談してたんですが、星野さんのサヨナラヒットが出て、セレモニーが始まって、集合写真を撮ってという流れになってしまって……西武の選手たちも最後までセレモニーに付き合ってくれて、みんなと握手して、抱き合いました」

野球居酒屋「B-CRAZY」の店主・浅川悟も、この日、大阪ドームにいた。

「あの試合は、先発が高村祐さんで、アキレス腱を切ってリハビリをしていた吉岡さんが8回に代打で出て、9回には赤堀さんがマウンドに上がった。最後は星野さんのサヨナラヒットで勝って、最高の試合でした。僕はずっと感動しまくりでした」

セレモニーが終わっても、ファンの誰もが立ち去りがたかった。外に出ると、近鉄バファローズがなくなることが現実になってしまう……。

「応援歌がずっと流れてて、なかなかファンが帰らないんですよ。ドームの照明が落ちても……場内アナウンスの大野博子さんが涙声で『ありがとうございます。ありがとうございます……』と言い続けて。それでもファンは帰れない」

55年続いた近鉄という球団の、これが〝最期〟だった。

「ファンは『最後に何か、ひと言ないんか！　どういうことやねん‼』と感じていたと思います。こんな仕打ちはない。終わりくらいはちゃんとしてほしかった」

梨田はこの日、こんなコメントを残した。

「近鉄は奇跡を起こすチームだった。いい選手、コーチ、裏方さんに恵まれてきた。みんなに支えられて、感謝しかない。チームはバラバラになっても、今日の気持ちを忘れずに、それぞれの野球人生を歩んでほしい」

2リーグ制になった1950年、パ・リーグに加わった近鉄は55年間、優勝を目指して戦った。1950年から4年連続で最下位、その後も〝お荷物球団〟と言われるほど弱かった。勝率3割を切る年もあった(1952年は勝率2割7分8厘、1958年は勝率2割3分8厘、1961年は勝率2割6分1厘)。

西本が監督に就任するまでの24年間で、14回も最下位を経験している。初めてAクラスに入ったのは1969年(勝率5割8分9厘)。初優勝したのは1979年、当時の12球団の中で最も遅かった。

1979年以降の26年間でリーグ優勝は4回。鈴木啓示、阿波野秀幸、野茂英雄、岩隈久志というリーグを代表するエースがいた。大石大二郎、小川亨、羽田耕一、栗橋茂、中村紀洋、鈴木貴久、タフィ・ローズなど個性のあるバッターもたくさんいた。西本幸雄、仰木彬、梨田昌孝という優勝監督も、4度敗れた日本シリーズも……この日、すべてが過去になった。

アコム
10
34

2004年9月24日、大阪ドーム。最後のホーム最終戦を劇的なサヨナラ勝ちで飾り試合後に記念撮影。この年急逝した鈴木貴久コーチの遺影を持つのが選手会長の礒部公一だった。

TN	1	2	3	4	5	6	7	8	9	10	T
	0	0	0	3	1	0	0	0	1		5
	1	0	0	0	0	0	1	0	4X		6

9回裏

礒部公一（1997-2004）の近鉄魂

Isobe Kouichi

いそべ・こういち／1974年生まれ、広島県出身。96年、ドラフト3位、97年、入団。01年、外野手専任になると、五番打者としてリーグ優勝に貢献。03年に選手会長に就任。04年の合併、球団再編問題の近鉄選手側の中心人物として奔走する。05年、楽天移籍。09年、引退。ベストナイン1回。楽天コーチを経て、現在は野球解説者。

「梨田さんが総監督で、野茂さんが監督で、ノリが打撃コーチ……そんなチームが大阪にできたら」

1974年3月、広島県東広島市に生まれた礒部公一に、近鉄バファローズがパ・リーグを連覇した1979年、1980年の記憶はない。もちろん、まだ野球もはじめていなかった。

西条農業時代に強打のキャッチャーとして知られ、1991年夏の甲子園に出場し、センターバックスクリーンに入るホームランを放った。大会後には高校日本代表に選ばれている。

高校卒業後、社会人野球の三菱重工広島に進み、アトランタオリンピックの日本代表を目指した。1996年ドラフト会議で近鉄に3位指名され入団することになる。

プロ入りするとき、すでに妻帯者だった礒部は選手の寮ではなく、藤井寺球場近くのマンションで暮らした。

「その年が大阪ドーム元年だったので、藤井寺球場で試合することは少なかったんですが、練習はよくしていました。

広島で生まれ育って、初めて違うところに住んだのが藤井寺でした。田舎者の僕にとって住みやすい町。『大阪らしいな』と思えるところでした」

今回、この本の取材で藤井寺を訪れたのが十数年ぶり。高速道路を降りたところで違和感を覚えた。

「すぐに藤井寺球場が見えるはずなのに、実際にはない。僕のイメージにはいまだにあるから、なんかおかしい」

藤井寺球場の跡地には、小中高一貫の四天王寺学園が建ち、モニュメントには、「近鉄バファローズ本拠地　藤井寺球場跡　1928―2005」の文字が刻まれている。

「学校の建物を見たときに、さびしさが湧いてきて、同時に、本当に帰るところがなくなったんだなと思いました。藤井寺球場は、僕が初めてホームランを打った球場です。プロ1年目は0本、やっと2年目で打てたホームランでしたから」

1997年から近鉄のユニフォームを着た磯部は正捕手の座を狙ったが、外野手としても起用された。

「僕はもともと西日本の人間ですし、性格はおおざっぱなほう。もちろん、きっちりやるところはやりますが、それ以外は〝いてまえ〟ですから、チームカラーに合っていたと思います。

僕は細かいところをしっかり押さえたうえで強気で攻めるのが〝いてまえ〟だと考えています。近鉄には、野球エリートと言われる人はほとんどいなくて、ほぼ全員が叩き上げ。雑草から育った選手ばかりです」

それまで藤井寺球場を本拠地とした近鉄のファンは、泥臭い選手を好んだ。歴代のレギュラーの顔を見ても、土のにおいのする選手ばかりだ。

「だから、僕たちにも熱い声援を送ってくれたんだと思っています。近鉄の選手はみんな、藤井寺に育てられました」

梨田のコンバート指令で打撃が開花

キャッチャーと外野手の両方で起用されていた磯部にとって転機になったのは、2001年のシーズン直前。監督の梨田昌孝に外野手専任を命じられたことで、一気に視界が開けた。五番ライト（あるいは六番）に定着して〝いてまえ打線〟の中核を担うことになった。レフトにタフィ・ローズ、センターに大村直之、ライトに磯部。外野のポジションがしっかりと固まった。

「欠点ばかりを注意され矯正しようとすると、長所が消えていってしまうこともある。僕の場合は、バッティングを生かす方向で、いいポジションに置いていただいた。2001年のオープン戦ではまったく盗塁を刺すことができず……外野手専任を決めてもらった梨田さんに、いまは感謝しかありません。

正直、キャッチャーに未練はありましたが、現実問題として試合に出るためには外野手のほうがいいし、バッティングを中心に考えられる。梨田さんに言われたあと、すぐに気持ちを入れ替えました」

開幕戦の逆転ホームランで勢いに乗り、シーズンが終わったときには、打率3割2分0厘、17本塁打、95打点をマークしていた。

外野の守備に不安はなかった。キャッチャーとして培った読みを生かして、自発的に守備位置を変えることもあった。

「よく、いい勘をしているなとほめられました。『今日のピッチャーの調子ならライン際を守ろう』とか『もっと前で』とか、セカンドの水口栄二さんと話しながら、守備位置を変えるようにしていました。ベンチから指示が来る前に先に動きました。そうやって自分で考えるところが、近鉄の選手の強みだったんじゃないでしょうか」

リーグ優勝してもビールかけは自粛……

2001年の〝いてまえ打線〟を牽引した三番のローズは打率3割2分7厘、55本塁打、131打点、四番の中村紀洋は打率3割2分0厘、46本塁打、132打点という成績を残した。ふたりのあとに打席に立つ礒部がプレッシャーを感じなかったはずはない。

「それはもう、打ちにくかったですよ。ローズとノリが打つのは当たり前。さらに勢いをつけるのか、しぼむのかは僕のバットにかかってくる。力が入りすぎたときもあります。でも、うしろに吉岡雄二さんや川口憲史がいたから、『僕が打てなくてもなんとかしてくれる』という気楽さもありました」

吉岡は打率2割6分5厘ながら、26本塁打、85打点を記録。川口は打率3割1分6厘、21本塁打、72打点を挙げている。

「ムードに背中を押されるときもあったし、冷静に打席に立てたこともありました。僕はローズやノリみたいなホームランバッターじゃない。自分の仕事をしようと思ったから、チャンスでも打てたんじゃないですか。あの年はみんな、神がかっていました」

礒部の得点圏打率4割1分7厘は、パ・リーグで1位だった。

北川博敏の代打満塁サヨナラホームランでリーグ優勝を決めたのが、2001年9月26日。本来であればお祭り騒ぎになるところだったが、2週間前にアメリカ・ニューヨークで、2機の旅客機が高層ビルに激突するテロがあったために、祝勝会は自粛することになった。

「9月に入ってから、三つ巴の厳しい優勝争いをしていました。優勝が見えてきたころに、祝勝会はなしでと決まりました。選手たちは風呂場でささやかに、缶ビールとシャンプーをかけ合ったくらいでした」

結果的に近鉄最後のリーグ優勝で、ビールかけは行われなかった。

「それもまた近鉄らしいというか……あんなテロのあとでビールかけなんかできません。大阪のミナミできれいなお姉さん方にひっそりと祝ってもらいました」

球団初の日本一を目指した2001年の日本シリーズで、礒部はまったく力を発揮することができなかった。

第1戦、五番の礒部は4打数ノーヒット、1三振。

第2戦、4打数ノーヒット。

第3戦、4打数ノーヒット。

第4戦、七番に入った礒部は3打数ノーヒット。

第5戦、スターティングラインナップから外れ、代打で出場したがショートゴロに終わった。

16打数ノーヒット。これが礒部の日本シリーズの全成績だった。

「いまでは、いい経験をしたなと思っています。コーチになってから、不調の選手にアドバイスできたんで。ヤクルトのキャッチャーは古田敦也さん。ものすごく分析してくると警戒しすぎて、頭でっかちになった。第1戦で石井一久に抑えられたのがすべてですね。近鉄らしさをまったく出せないまま、負けてしまいました」

グラウンドの外では選手会長の仕事を

礒部の顔が連日のようにテレビ画面に映されたのは2004年、球界再編問題が過熱したころだった。グラウンド外で、さまざまな仕事が選手会長に降りかかった。

「あの年は、追いかけられすぎて、記者嫌いになりました。『そっとしといてくれ』とずっと思っていました」

しかし、球界再編問題のきっかけをつくった近鉄の選手会長は、騒動の真ん中にいた。日本プロ野球選手会との会合、球団存続の署名活動、プロ野球初のストライキ……。

「僕たちが一番望んだのは、近鉄という球団を残すことでした。もしそのままの形が無理なら、球団ごとどこかに買ってもらいたかった。近鉄の選手、コーチ、裏方さんがそのまま移れるようにと頑張ったんですが、かなわず……しんどかったですね」

試合中は自分のプレイに集中し、ユニフォームを脱いだあと、選手会長の仕事をこなす。試合中、ベンチ裏で携帯電話のメッセージを確認することもあった。

「とにかく、精神的に疲れました。もし新球団ができたとしても近鉄はバラバラになってしまう……」

オリックスとの合併が決まり、その後は12球団での2リーグ制維持が最大の目的になった。

「新球団の参入を認めてもらうために、オリックスとの合併は妥結しないといけない。ほかに手立てはありませんでした。これ以上、ほかの球団の人たちに迷惑をかけるわけにはいかなかった」

礒部はいろいろな人に頭を下げて回った。

「選手会ミーティングのときも、ほかの球団の選手会長にも、みんなに頭を下げました。『近鉄のせいで申し訳ありません』と」

日本プロ野球選手会は一枚岩になって戦っていた。だが、選手ひとりひとりが問題意識を共有してくれるかどうか、わからなかったからだ。

その年、福岡ソフトバンクホークスの選手会副会長として会議に出席していた斉藤和巳は当時をこう振り返っている。

「選手会長の松中信彦さんに付いて、いろいろなところを回っていました。それまで誰も経験していなかったことで、現場は本当に大変でした。『プロ野球はこの先、どうなってしまうんやろ?』と考えさせられました。

いろいろな球団の選手会長、副会長が集まる会にも出席しました。オリックスの選手会長は三輪隆さんだったんです。三輪さんはみんなの思いを背負っていて、隣の席で泣きながら訴えていました。あの光景は忘れられません。『これはただごとじゃないんやな』と思いました」

このとき、斉藤はひそかに決意をしている。生涯、日本プロ野球でプレイするということだ。

「20歳のころには『メジャーリーグに行きたい』という思いがありました。この年にもまだうっすら残っていました。でも、この球界再編問題が終わってから、『日本で骨を埋めよう』と思いました。『小さな力かもしれんけど、自分なりに日本の野球に貢献したい』と。

もう15年も前のことなんで、そのときのことを知らない選手がたくさんいる。だけど、先輩たちがどんな思いで活動したのかを知ってほしい。言ってみれば、自分の会社の歴史みたいなもの。自分がプロ野球でプレイして、高い年俸をもらえるのは先輩方のおかげですから。いろいろなことがあったから、2004年は忘れられません」

セとパの選手の垣根がなくなった

2004年をきっかけに、プロ野球は変わった。近鉄が〝人柱〟になったおかげで、いまのプロ野球があると言っても過言ではない。札幌、仙台、関東、名古屋、関西、広島、福岡。地域に根差し、愛される球団が増えている。

磯部は言う。

「あのとき、日本のプロ野球がこうなるとは想像もできませんでした。12球団で2リーグを存続できたことが大きかったと思います。僕は新球団の東北楽天ゴールデンイーグルスに所属することになりましたが、そこで地域の力を感じました。2005年以降、パ・リーグの球団が頑張ったことが、いまにつながっています」

日本プロ野球選手会がひとつの組織として最後まで戦ったこと。それによって、両リーグ選手間にあった感情的な垣根を取り払うことができたと磯部は感じている。

「12球団でプロ野球ができていること、ファンあっての僕たちだということに、本当の意味で気づいたのかもしれませんね」

30年も前、ドラフトにかかる有力選手の中には「希望は在京セ」と公言する選手も多かった。巨人、ヤクルト、横浜を差す言葉を、いまではもう聞くことはない。プロだけでなく、アマチュア選手の意識も変わった。

地域密着の大切さをプロ野球関係者に知らしめたのは、2005年に誕生した楽天だった。磯部は初代キャプテン、選手会長として、誕生したときからずっとその中心にいた。

「僕は近鉄がオリックスと合併するとき、自分で選んで楽天に行きました。歴史もなく、設備も戦力も十分ではなかった真っ白な状態から、みんなでチームをつくっていきました」

2005年の楽天は、38勝97敗1分、勝率2割8分1厘という苦しい戦いを強いられた。しかし、野村克也監督就任4年目の2009年は2位になり、2013年には星野仙一監督に率いられ、リーグ優勝を果たし、日本一に輝いた。

2005年に打率2割6分4厘、16本塁打、51打点という成績を残した礒部は、その後もチームをリードしていった。2009年に現役を引退し、2017年限りでチームを離れるまで、コーチもつとめた。

死ぬほどバットを振らされた理由

近鉄、楽天で13年間プレイし、通算1225安打、97本塁打、517打点を記録した礒部。楽天で8年間コーチをつとめた彼はいま、何を思うのか。

「もっと個性のある選手に育ってきてほしい。昔の中村紀洋みたいな豪快な選手、ひと振りで客を呼べるスターに。いまのご時世、枠からはみ出す人が出てくるのは難しいかもしれないけど、ファンが見たくなる選手、会いたくなる選手がもっともっといればいいと思います」

礒部にとって近鉄は故郷であり、プロ野球選手としての原点だ。

「今回、近鉄の先輩から昔の話を聞いて、改めて西本幸雄さんの大きさを感じました。近鉄という球団の骨格をつくってくださった方ですよね。僕たちは教え子の梨田さんや羽田耕一さんを通じて、西本さんの教えを学んだんだと思います。僕たちが若いころに死ぬほどバットを振らされた理由がわかりました（笑）。僕がプロ野球で13年間プレイできたのは、近鉄に昔から伝わる猛練習があったから」

かつて西本が語った「選手をモノにしてやろう

と愛情を持って、回り道させないように指導をする。プロ野球の監督やコーチは、そういう指導者の集団でなきゃいかん」という選手育成の思いが近鉄には残っていた。

磯部にとって、近鉄魂とは何か。

「近鉄という球団は、グラウンドで結果を残せば何も言われない。プライベートもうるさくないし、僕を自由にさせてくれた。そうして、プロ野球選手の磯部公一をつくってくれました。いろいろな方が、それぞれの言葉で近鉄魂を表現されますが、結局は同じようなことを言っている気がします。巨人軍が『紳士たれ』なら近鉄はやっぱり〝いてまえ〟です」

短所もある無名の選手を猛練習で鍛えあげ、一人前の選手に育てる。そのときに個性を壊さず、武器にしてきた。

「過去の選手を思い浮かべたとき、みなさん、力強くて、うるさいくらいに個性が強くて、ちょっとだけ欠点もあって、どこかで勝負弱くて……不格好かもしれないけど、カッコいい」

磯部はいま、プロ野球解説者として野球を追う日々を送っている。さまざまなチームを取材しながら、どうしても思い浮かべることがある。

「大阪に球団ができないかなあと思います。近鉄のメンバーだけじゃなくていいんですが、梨田さんが総監督で、野茂英雄さんが監督で、吉井理人さんが投手コーチで、ノリが打撃コーチ……みたいなチームがあったらいい。近鉄に育てられた人間の夢ですね。

近鉄のＤＮＡを受け継いだ人はたくさんいます。いつか、大集合して、また〝いてまえ野球〟をやりたいですね」

エピローグ〜そして、近鉄魂とはなんだったのか？

55年の近鉄バファローズの歴史のうち、西本幸雄が監督に就任した１９７４年から球団がなくなる２００４年まで約30年間を追いかけた。消滅から15年が経ち、かつての本拠地である藤井寺球場は取り壊され、いまは姿も形もない。

監督や選手で鬼籍に入った方も多く、近鉄のユニフォームを着たことのある現役選手はわずか３人しかいない。

近鉄という球団があったことが、このまま人々の記憶からなくなってしまうのではないか？

本書を書く前に、私にはそんな危惧があった。

１９６８年1月に愛媛県で生まれた私にとって、近鉄は縁の深い球団ではない。近鉄沿線の住人、毎週のように球場に通っていた野球ファンはたくさんいるだろう。私がこの球団を意識したのは、１９７９年の近鉄と広島東洋カープとの日本シリーズだった。「江夏の21球」としてプロ野球ファンの記憶に刻まれるあの戦いだった。当時の私は、放課後に空き地でボール遊びをし、日曜日にソフトボールをするただの野球好きの少年だった。

　ところが、あの日本シリーズでの近鉄の選手たちの戦いにくぎ付けになった。本来であれば、地元に近い広島を応援するのが自然だった気がするが、なぜか最後の最後で敗れ、うなだれた男たちに惹かれたのだ。

　まだ11歳、小学六年生の私に、その理由はわからなかった。西本監督の表情だけが強烈に印象に残っている。

　それから7年後、私は立教大学に入学し、野球部に入った。直接、西本から言葉をかけてもらったのは、1989年秋だった。23年ぶりに東京六大学リーグを制した私たちは関西の野球部OB会に招かれた。古希を過ぎた「悲運の闘将」は「よう、頑張ったな」と言いながら、ひとりひとりにビールを注いでくれた。スターでもレギュラーでもなかった私の心に、そのひと言が沁みた。

　その後、再会したのは2003年。編集者になっていた私は、西本流のチームづくり、人心掌握術について聞くために、自宅のある西宮に行った。その翌年、プロ野球初のストライキにまで発展した「球界再編」問題は、吸収・合併に進展していく。西本の「近鉄」への思いを書籍として残したくて、自宅に電話をかけた。

しかし、おそろしく不愛想な声で「俺はもう終わった人間やから」と断られた。私は何度も手紙を書き、依頼を続けた。「会って話を聞いてください」と言うと、「俺はうんと言わんけど、それでもええか」という言葉が返ってきた。

どんな大物が相手でも緊張することの少ない私もこのときばかりは普通ではいられなかった。50歳近くも年長の大先輩に、断られるのを覚悟でお願いをするのだから。

1時間ほど、話を聞いてもらっただろうか。最終的に私の思いは聞き入れられた。

かつてプロ野球解説者として『プロ野球ニュース』(フジテレビ系列)に出演していた西本の口調は、いつも冷静で、それなのに温かかった。このときも、そうだった。

この人はどうやって近鉄をつくったのだろうか?

私の中に浮かんだ問いに、西本は優しく答えてくれた。『パ・リーグを生きた男　悲運の闘将　西本幸雄』(ぴあ)が出版されたのは、2005年春のことだった。

ストライキはファンへの裏切り……

「やってはならんことをしようとしとるんじゃないか?」

これが、プロ野球で初めてのストライキ決行が決定的になったときの西本の言葉だ。

西本は29歳でプロ野球選手になっている。

立教大学を1943年9月に繰り上げ卒業し、11月に軍隊に入り、中国へ渡った。そこで終戦を迎え、1946年6月に復員を果たした。日本プロ野球がセントラル・リーグとパシフィック・リーグに分かれた1950年に、社会人野球の別府星野組の選手たちとともに毎日オリオンズに入団した。

年齢的に遅いプロ入りだったからこそ、プロ野球を発展させた先人に対して、誰よりも強い尊敬の念を持っていた。

西本は言う。

「プロ野球の先達は、国民的な人気のあった東京六大学と比べることもできないほど弱い地盤の上で、なんとか踏ん張ってきた。もしかしたら、地盤と言えるものもなかったかもしれん。そういう苦しい時代を過ぎて、戦争の影響を受けたにもかかわらず、復興にかける日本人の気持ちと野球ファンの心理が一体となって、繁栄してきた。戦争で苦しんだ日本人が日本の野球を支えてくれたんだよ。

日本のプロ野球はいろいろな人たちが時間と労力をかけて、ここまで築いてきたんや。いまの危険さ、恐ろしさを感じ取らなきゃいかん」

日本プロ野球選手会によるストライキは、プロ野球の先人たち、プロ野球ファンを裏切る行為に、西本には見えた。

「日本プロ野球ができて70年が経った。ファンに支持され、かわいがられ、関係者の理解を受けて、野球選手の社会的地位や存在が向上してきているよね。しかし、俺たちのころはもちろんそうだったし、ちょっと前までは『野球ができればそれでいい』『野球で飯を食えればいいじゃないか』というのが、日本のプロ野球選手の考え方やったんや。たとえ、お茶漬けしか食べられなくても、野球さえできればいい。間違いなく、日本の野球はそこから出発している。もしかしたら、アメリカもそうだったかもしれない」

だからこそ、足元を見直せと西本は言った。

「野球をすることでご飯が食べられる喜びについて、もう一度考えるべきやろうね。ありがたさ、感謝の気持ち。野球選手の地位が認められるようになっても、いくら大選手になっても、感謝の気持ちとか謙虚さを持ち合わせる人間でないといかんと思う。

待遇面がよくなった分、社会に貢献する、あるいは感謝することが大切やろうね。どうして自分がこうなれたかを考えんといかん。人間は生きていくうえで権利を主張することも大事かもしれんけど、それに伴って義務がある。これを考え直したら、そんなに勝手なことは言えるはずがない」

しかし、ストライキは決行された。その結果、プロ野球はどう変わったのか……。

野茂放出と日本人メジャーリーガーの誕生

近鉄という球団にはどんな功罪があったのか——勝敗以外の部分に絞って書く。

大きな「罪」は、野茂英雄という日本を代表するピッチャーを手放したこと。苦渋の決断であったとしても、あれほどのスーパースターを見られなくなったことは、プロ野球ファンにとって損失だった。あのまま、野茂が日本に残っていたとすれば、プロ野球の歴史や記録はかなり塗り替えられていたはずだ。彼と対戦することで大きく成長した選手もいただろう。ところが、任意引退選手になることを選んだ野茂はアメリカに渡り、プレイヤーとして日本プロ野球に戻ってくることはなかった。20代半ば以降の彼のピッチングは、テレビの衛星中継を通してしか日本のファンは見られなかった。

しかし、それと比して、はるかに価値のある「功」があった。野茂の移籍によって、メジャーリーグで日本人選手が戦えることを証明したことだ。それまで元メジャーリーガーが助っ人に来ることはあっても、逆のケースはなかった。

日本の球団の契約による縛りがきつかったという面もあるが、「日本人が通用するはずがない」と誰もが思っていた。野茂のメジャーリーグ挑戦は、戦う前から負けていた私たちに「日本人の可能性」を示した。そのうえで、チャレンジすることのすばらしさも教えてくれた。

野茂と同い年の選手たちは、その後、次々とアメリカを目指した。長谷川滋利（元オリックス・ブルーウェーブ）、高津臣吾（元ヤクルトスワローズ）、木田優夫（元読売ジャイアンツ）、藪恵壹（元阪神タイガース）、佐野慈紀（元近鉄）、野村貴仁（元オリックス）、水尾嘉孝（元西武ライオンズ）……メジャーで活躍した選手もいれば、マイナーリーグ止まりだった人もいる。

近鉄のチームメイトが刺激を受けなかったはずはない。先輩の吉井理人はニューヨーク・メッツに入り、抑えの切り札だった大塚晶文は、サンディエゴ・パドレス、テキサス・レンジャーズで活躍した。〝近鉄最後の開幕投手〟である岩隈久志は、2012年から7年間、シアトル・マリナーズでプレイして、通算63勝をマークしている。

そのほか、〝いてまえ打線〟を牽引した中村紀洋は、2005年にロサンゼルス・ドジャースに入団。2004年に1年間だけ近鉄に在籍した福盛和男もテキサス・レンジャーズでメジャーを経験している。

もし、あのとき、近鉄が野茂の引き留めに成功していたならば、1990年代から2000年代にかけて、日本人選手がこれほどメジャーリーグに移籍することはなかったはずだ。イチローも松井秀喜も、日本でプレイし続けた可能性がある。

それが日本プロ野球界にとって、よかったのか、悪かったのか。

私は、近鉄の英断によって、メジャーリーグの扉が開かれ、日本人選手の力量を世界の人々に知らしめることができたと考えている。

海の向こうに、メジャーリーグという世界が広がっていることを知った日本人、プロ野球関係者は彼らからさまざまなことを学び、現在の日本プロ野球の繁栄を手繰り寄せることに成功したのだ。

近鉄の消滅と引き換えに得たもの

球界再編問題が起こった2004年。もし球界の長老オーナーたちが画策したように「10チームによる1リーグ制」へと舵をとっていたとしたら、日本プロ野球の人気は下火になっていただろう。当時の観客動員数を維持することも、ままならなかったはずだ。10球団が8球団になり、6球団まで減ることも考えられた。
2005年と2018年の観客動員数を比較してみよう。

〈セ・リーグ〉
2005年　年間観客数　1167万2571人
　　　　1試合平均　2万6650人
2018年　年間観客数　1423万5573人
　　　　1試合平均　3万3183人

〈パ・リーグ〉
2005年　年間観客数　825万2042人
　　　　1試合平均　2万2226人
2018年　年間観客数　1131万5146人
　　　　1試合平均　2万6376人

２００５年に年間観客数が約１００万人（１０５万１１９人）だった広島の２０１８年の年間観客数は２２３万２１００人。

２００５年、楽天の年間観客数は１００万人に届かなかった（97万７１０４人）が、２０１８年には１７２万６００４人まで増えている。

次に、２０１９年の日本人選手の推定年俸ランキングを見てみよう。

１　菅野智之（巨人）　６億５０００万円
２　柳田悠岐（ソフトバンク）　５億７０００万円
３　浅村栄斗（楽天）　５億円
３　坂本勇人（巨人）　５億円
５　丸佳浩（巨人）　４億５０００万円
６　山田哲人（ヤクルト）　４億３０００万円
７　鳥谷敬（阪神）　４億円

7　内川聖一（ソフトバンク）4億円
7　松田宣浩（ソフトバンク）4億円
7　糸井嘉男（阪神）4億円
7　筒香嘉智（DeNA）4億円

かつて、1億円プレイヤーが一流の証と言われた時代もあったが、チームのトップ選手の年俸は4億円を超えている。このほかにグッズ収入がある。


結論から言えば、西本の予言は外れた。

日本プロ野球選手会がストライキを決行したことで、12球団による2リーグ制の維持ができた。新球団が仙台に生まれたこと、また各球団の営業努力によって、観客動員数は増え、選手の年俸も上がっていった。

ストライキという荒療治を行ったことで、プロ野球選手にもファンの間にも「12球団でプロ野球」という意識が醸成されていった。クライマックスシリーズやセ・リーグとパ・リーグの交流戦の導入によって、観客動員数も増えていった。

そうして、置き去りにされたのが近鉄ファンだった。

近鉄バファローズと近鉄ファンという〝人柱〟のうえに、現在のプロ野球の繁栄がある。

球団は誰のものなのか？

2014年4月から秀岳館高校の監督に就任し、4シーズン連続で甲子園に出場し、そのうち3度ベスト4進出を果たした高校野球の名将のひとり、鍛治舎巧《かじしゃたくみ》（現・岐阜県立岐阜商業野球部監督）。彼は、こんな言葉を生徒に言い続けたという。

「野球のフェアグラウンドは90度、この中できみたちは100％努力していて、満点をやる。でも、人間というのはそれだけじゃない。360度すべてに心配りができないと、野球に集中できないし、日本一にはなれないんだと。その90度の3倍分の270度に何があるか。学校、家庭、地域。3つの理解と支援を得られなかったら、日本一にはなれない。

地域の人に挨拶をする、学校でもきちんとした生活をする。保護者にも協力してもらわないといけない。すべてが相まって、日本一があるんだ。グラウンドの90度は全体の4分の1でしかない」

私はこの言葉を、プロ野球に置き換えて考えたい。

90度の中で全力プレイをするのはプロ野球選手。それ以外の270度には、実にさまざまな人がいる。チケットを買って観戦・応援するファン、試合運営を支えるスタッフ、弁当やビール、グッズを売る人、試合の模様を伝えるメディア……。360度の中にいる人すべてが、いまの繁栄にあぐらをかくことなく、15年後のプロ野球、さらにその先の100年後のプロ野球を考えるべきだろう。選手もファンもない。

球団は誰のものなのか？

自分の町に球団があることの幸せとは何か？

大事なことを教えてくれたのが、近鉄バファローズという球団だ。

本書の取材に深く協力してくれた8人の近鉄関係者とファン代表の言葉をもう一度読み返してほしい。

そして、西本のこの言葉を噛みしめてもらいたい。

「待遇面がよくなった分、社会に貢献する、あるいは感謝することが大切やろうね。どうして自分がこうなれたかを考えんといかん」

西本の教えを、本書で少しでも再現できたとすれば、これほどうれしいことはない。

西本幸雄と交わした約束

近鉄がなくなった冬、西本とその教え子たちの取材を終えた私は、西宮にある西本の自宅にいた。私が書いた原稿を本人に読んでもらうためだ。

編集者だった私に、日本球界を代表する名監督について書くことは、正直、荷が重かった。年齢差は50歳近くある。戦争当時のことなど、わかるはずがない。

「好きに書いたらええ」と言う西本に、原稿の束を読んでもらうまでにどのくらい時間がかかっただろうか。

不承不承受け取った原稿を、ソファに深く腰掛けたまま、静かに読みはじめた。

同じ姿勢のまま、ページをめくる音だけが聞こえる。

あたりはだんだん暗くなっていく。

この間、私はずっと西本を見ていた。

原稿が残り数枚になったとき、西本は一度目を閉じ、瞼を指で拭った。

「よう書けとる」

ひと言だけ言って、いくつかの修正点を挙げた。

座り直してから、西本がもう一度口を開いた。

「俺が生きとるうちに、名を残せよ」

２０１１年11月、西本は91歳でこの世を去った。私は約束を果たせなかった……。

あれから８年が経った。

近鉄の礎を築いた男は、いまのプロ野球をどんな気持ちで見守っているだろうか。教え子たちの「その後」をやきもきしながら見ているかもしれない。

もし伝えられるのならば、私はこう言いたい。

西本さん、教え子のみなさんはいまでも恩師の教えを守っています。

近鉄という球団がなくなっても、近鉄の遺伝子を受け継いだ男たちが野球界で頑張っています。

あなたがつくりあげた近鉄は、いまでも大勢のファンに愛されています。

２０１９年10月　元永知宏

本書は書き下ろしです

磯部公一　取材フォトドキュメント

Isobe Kouichi Interview Photo Document

（上）近鉄藤井寺駅から徒歩３分ほど。商店街の中にあるスナック「しゃむすん」は数々の伝説を持つ栗橋茂氏が営む。近鉄ファンが今なお多く訪れる。（右）「しゃむすん」内には近鉄にまつわる貴重な品も多数。藤井寺球場で使用された「磯部」ボードも！

外野手専任を決定し、最後のリーグ優勝をともに経験した、梨田昌孝氏。最後の監督と選手会長という関係でもある恩師のひとり。

一緒にプレイはしていないがブライアント氏の東京ドームのスピーカー直撃打は、磯部の記憶に強く残っているホームランだという。

近鉄バファローズの選手会長、そして野球解説者の先輩として尊敬する金村義明氏と磯部。笑いも満載の取材となった。

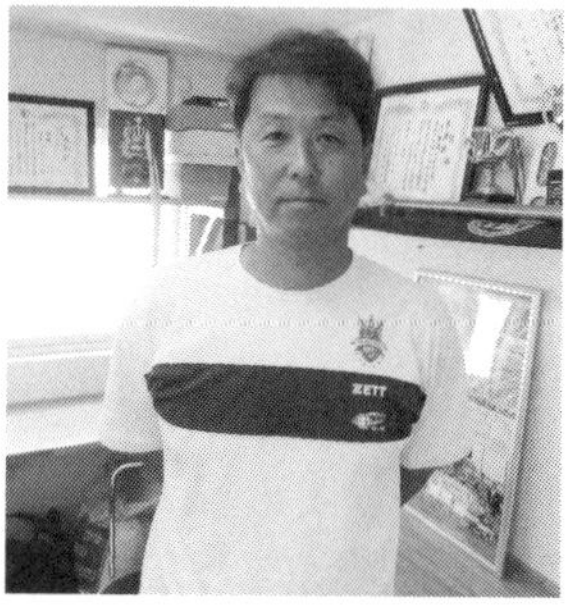

磯部が「最高のセカンド」と評する水口栄二氏。西宮市に自身の野球教室を開き、近鉄で学んだ経験も踏まえて、野球少年たちを指導している。

巨人の岩隈久志投手と。メジャーリーガーにまで成長したスターだが、近鉄、楽天でともに戦った礒部との関係は、気心の知れた先輩後輩のまま。

球場がなくなってから初めて訪れたという藤井寺球場跡地にて。プロ生活を始めた場所だけに感慨も深かった。

いまもこれからも近鉄ファンであり続ける浅川悟氏と。選手、ファンの立場を超え近鉄話に夢中になった。

最後の球団代表となった足高圭亮氏と。球団消滅をともに責任ある立場で経験することになった。

(左)浅川氏のお店「B-CRAZY」にある多数の近鉄グッズに引き込まれた礒部。これは藤井寺駅にあった試合速報を掲示していたボード。(上)最後の300勝投手である鈴木啓示のユニフォームも！

参考文献

【書籍】『パ・リーグを生きた男　悲運の闘将　西本幸雄』西本幸雄、ぴあ、2005年
『1988年のパ・リーグ』山室寛之、新潮社、2019年
【雑誌】『サヨナラ近鉄バファローズ―永遠にバファローズファンです』日刊スポーツ出版社、2004年
『近鉄バファローズ球団史―1950-2004』ベースボール・マガジン社、2012年
『週刊ベースボール創刊60周年特別記念企画　球団別ベストセレクションvol.13〈近鉄編〉』ベースボール・マガジン社、2019年
『ベースボールマガジン2019年10月号　1950-2004近鉄バファローズ熱い心の野球』ベースボール・マガジン社、2019年